自治体議員が知っておくべき

新地方公会計の基礎知識

財政マネジメントで人口減少時代を生き抜くために

元習志野市会計管理者
地方監査会計技術者
宮澤正泰 [著]

第一法規

改訂に際して

　本書は「自治体議員が知っておくべき新地方公会計の基礎知識」として平成29年7月に刊行した内容を見直し、必要な加筆・補正を行ったものです。

　当初刊行の内容は平成27年1月23日に総務省より公表された「統一的な基準による地方公会計マニュアル」に準拠したものでした。その後、総務省において、「地方公会計の活用のあり方に関する研究会（平成28年4月28日～）」、「地方公会計の活用の促進に関する研究会（平成29年10月27日～）」、「地方公会計の推進に関する研究会（平成30年6月22日～）」、「セグメント分析に関するワーキンググループ（平成30年8月3日～）」、「地方公会計の推進に関する研究会（令和元年度）（令和元年6月27日～）」で公会計の議論が続けられ、令和元年8月に「統一的な基準による地方公会計マニュアル」が改訂されました。

　さらに、その後に「地方公会計の推進に関する研究会（令和元年度）報告書」が令和2年3月に公表されました。

　本書は、これらの内容に準拠した内容とするとともに、参考とした財務書類等の内容も新しく差し替えたものとなっています。

　基本的な枠組みは変わりませんが、特に「第4章　議会で活用しよう」は最新の情報を盛り込み、充実した内容となっています。

　改訂版が、自治体議員に加え、公会計に携わる関係者や広く一般市民にも読んでいただき、本当の意味での「公会計改革」が実現されるきっかけとなれば幸いです。

　令和3年2月

　　　　　　　　　　　　　　　　　　　　　　　　　　宮澤　正泰

は じ め に

　自治体の会計制度が大きく変わろうとしています。

　その契機は、平成27年1月23日付総務大臣通知（「統一的な基準による地方公会計の整備について」総財務第14号）という総務省の強い要請でした。この通知の背景としては、人口減少・少子高齢化が進展している中、財政のマネジメント強化のため、地方公会計を予算編成等に積極的に活用し、自治体の限られた財源を「賢く使う」取組みを行なわなければ、国が破綻してしまうという危機感が挙げられます。

　これまでの総務省の地方公会計の整備促進の取組みとしては、平成26年4月30日に固定資産台帳の整備と複式簿記の導入を前提とした財務書類の作成に関する統一的な基準を示し、その後、「今後の新地方公会計の推進に関する実務研究会」において議論を進め、平成27年1月23日に「統一的な基準による地方公会計マニュアル」を完成させました。この制度設計には、筆者も関与させてもらいました。

　総務省は、すべての自治体に対して、上記のマニュアルを参考にしつつ、原則として平成27年度から平成29年度までの3年間に、統一的な基準による財務書類等を作成し、予算編成等に積極的に活用することを求めました。このことから、自治体職員は、財務書類の作成について真剣に取り組む必要が生じてきました。

　一方、自治体議会の議員は会計のプロでなければならない、ともいわれています。自治体議員の仕事のメインは予算を審査して可決か否決かを決め、その後予算の執行状況、つまり決算を審査して様々な指摘をしていくことです。自治体の財務状況や将来予測を把握し、投資や政策が妥当かどうかを判断する必要があるでしょう。

　人口減少・少子高齢化社会到来の中、限りある予算をいかに納得度高く配分するのか、優先順位をどのようなプロセスで決定していくのか。高い次元での

透明性と説明責任が求められます。このことから、新公会計制度は、議会における予算・決算審査にも影響を与えることになるはずです。本書は、議会の予算・決算改革に意欲的な自治体議員の方はもちろん、予算や決算は苦手であるという自治体議員にも分かるようなイメージで執筆しましたので、ぜひ読んでもらいたいたいと思います。

　なお、本書の内容の意見や感想はすべて個人的な見解であることをご了解ください。

　本書が、自治体議員に加え、自治体職員や一般市民の方々にも参考にされ、多くの皆様が新しい「地方公会計」に馴染み、理解していただくきっかけとなれば幸いです。

平成29年6月

宮澤　正泰

目 次 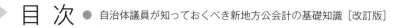 自治体議員が知っておくべき新地方公会計の基礎知識［改訂版］

第2章　官庁会計の決算の見方とチェックポイント

第3章　新公会計制度の財務書類の見方とチェックポイント

第3節　行政コスト計算書　　　　　　　　　　　　　　　128

第4章　議会で活用しよう

この本の読み方

　本書は全4章から構成しています。第1章は「新公会計制度を理解しよう」です。本来ならば、新公会計制度にはこのようなメリットがあるので、新公会計制度を理解するために、「複式簿記」や「発生主義」を覚えるべきです、というような説明がなされると思います。筆者自身も、自治体議員の視察や研修などで、そのような説明をしてきました。しかし、このような説明をすると、「腑に落ちない」とか「よく分からない」との感想をいただくこともあります。そういった経験から、この章は「腑に落ちない」と思っている自治体議員をイメージして執筆をしました。本章を読んでいただいて「腑に落ちた」「なるほど、そういうことなのか」と納得していただければ幸いです。

　納得していただいた自治体議員の方に、次に理解してもらいたいのが第2章の「官庁会計の決算の見方とチェックポイント」です。新しい会計制度は現在の官庁会計の"補完"としての制度設計となっています。このことから、まず、今の官庁会計のポイントを復習していただきたいと思います。

　続いて、第3章は「新公会計制度の財務書類の見方とチェックポイント」とさせてもらいました。この章は自治体議員自ら自治体の財務分析ができるようになるイメージで、実際のデータを利用しての分析を試みました。このデータは公表されている千葉県習志野市のものを使用しました。

　最後の第4章は「議会で活用しよう」です。特に第1節は、筆者の講演などで受講者から好評だった内容をまとめたものです。本書の一押しです。
　第2節では指標の見方を理解してもらいたいと思います。議員の所属する自治体との比較ができるよう、人口規模による比較が可能となるよう工夫しました。第3節及び第4節はバランスシート探検隊事業など、習志野市独自の事業展開や筆者独自の見解を盛り込みました。

第5節は一般質問を通して公会計を推し進めてもらいたいとの思いで執筆しました。前半部分は習志野市での実際の議会答弁に、筆者のコメントを加えました。後半部分は先進自治体の取組みを一般質問に生かすことができるようなポイントを記載しました。

ぜひ活用していただきたい内容となっています。

第1節　現金主義会計ではだめなの？

◆ 現金主義会計とは？

　現在の自治体の会計は、「現金主義」会計と呼ばれています。現金主義会計とはどんな会計か、読者の皆さんはご存じでしょうか？　「現金」という言葉がついていることからも分かりますが、現金主義会計とは、"現金が入ってきた、あるいは、出て行った"ということを記帳する会計です。よく、家計簿やおこづかい帳と同じようなものであると説明されることもあります。

　ここでいう「同じ」というのは、お金の使い方の管理の面での共通性を指しています。自治体の会計や家計簿・おこづかい帳では、"いくらまでお金を使っていいかを管理"しているわけです。自治体の会計では住民からの税収等の収入に対するお金の使い方を、家計簿では家計の収入に対するお金の使い方を、おこづかい帳では子どもが親からもらうおこづかい（＝現金）の使い方を、管理するのです。子どもが親から月に1,000円のおこづかいをもらったら、その1,000円の使い方をおこづかい帳に記入して管理しますね。それは、あといくらおこづかい（＝現金）が残っているかを分かるようにするためです。これは自治体の会計でも同じです。

　ところで上記のような説明をすると、「自治体の現金主義会計はおこづかい帳や江戸時代の大福帳と同じ現金主義会計だから、役人がお金をごまかすための会計だ」、とか、「こんな会計は世界でも○○国と××国だけだ」と誤解や批判をされることがあります[1]。

　果たしてそうでしょうか？

　ここで、ある意味悪者とされている「大福帳」の説明をしましょう。大福帳とは、江戸時代・明治時代の商家で使われていた帳簿の一種です。後で現金を

受け取る約束としての売掛金の内容を、取引相手ごとに口座（人名口座）を設け、売上帳から商品の価格や数量を転記し、取引状況を明らかにしていました。これは商家にとっては最も重要な帳簿のひとつであったといわれています。当時として十分に工夫されていて機能していた帳簿ではないでしょうか？大福帳は、現金の収受が後日になる「掛取引」を前提としているので、現金の出し入れだけの官庁会計を大福帳みたいだというのは少し違うような気がします。

　自治体の会計は、住民等からの税収等の財源（＝現金）を、住民のためにどういう使い方をするのかということにつき、議会での承認を受けています（＝予算）。そして、その使い道を、「款・項・目・節」として大区分から小区分までに区分し、細部にわたって管理しているのです。これは、お金の使い道を住民に説明する（＝決算）ためには、十分に役に立っているのではないでしょうか。

◆　**現金主義会計は日本国憲法からの要請**

　ここで、国や自治体の会計制度に対して現金主義を要請する根拠となっている法令を紹介しましょう。

　○日本国憲法（昭和21年11月3日公布昭和22年5月3日施行）
　〔国費支出及び債務負担の要件〕
　第八十五条　国費を支出し、又は国が債務を負担するには、国会の議決に
　　基くことを必要とする。

1　「この国の会計制度は、大体が、金の出入りだけを記した単式簿記・現金主義で、大福帳の域を出ず江戸時代から何の進歩もない。今日世界の先進国を眺めても、いまだに単式簿記・現金主義にしがみついているのは、日本のほかにドイツくらいらしか見当たらない。」（石原慎太郎元東京都知事『もう税金の無駄遣いは許さない！都庁が始めた「会計改革」』（ワック株式会社、平成18年））
　「今の官庁会計は、「単式簿記」、いわば大福帳方式で、…仕組み自体が財務状況を正確に表すものになっていません。」（橋下徹元大阪府知事『公会計改革白書』（東京都・大阪府、平成22年））

○財政法（昭和22年法律第34号）

　〔収入、支出、歳入及び歳出の定義〕

第二条　収入とは、国の各般の需要を充たすための支払の財源となるべき
　　現金の収納をいい、<u>支出</u>とは、国の各般の需要を充たすための<u>現金</u>の支
　　払をいう。

※下線等、筆者

　これらの条文が根拠とされ、現金主義に基づく現在の公会計制度は、日本国
憲法の要請であるともいわれています。そして、憲法の要請はすべての自治体
に対しての要請ということにもなるでしょう。繰り返しになりますが、自治体
の会計は、住民等から徴収した税金等の財源の配分を、議会における議決を経
た予算を通じて事前の統制のもとで行うという点で、営利を目的とする企業会
計とは根本的に異なっています。さらに税金等の配分は住民の福祉の増進等を
目的としており、予算の適正、確実な執行に最も資するとされる現金主義会計
が採用されているのです。これらのことから、現金主義会計が全くだめなわけ
ではなく、今後も必要な会計制度である、といえるでしょう。

ざっくりポイント

自治体の現金主義会計は、税金等（＝現金）の使い道を決
め（＝予算）、その結果（＝決算）を住民に説明するために
役立っています。

第2節　発生主義会計は「儲け」の会計？

◆ そもそも発生主義とは？

　ところで、民間企業はなぜ「現金主義会計」を採用しないのでしょうか？
その大きな理由として、商売の会計、すなわち"「儲け」が分かる"会計が、
「発生主義会計」であると理解すると分かりやすいと思います。以下、具体的
な事例を通して説明します。

　民間企業の売上や仕入が現金のみで行われるのであるならば、現金主義会計
でも問題はないでしょう。例えば、映画「男はつらいよ」シリーズで渥美清さ
んが演じる寅さんのバナナのたたき売りのイメージでしょうか？（図1-1）。

　例えば、寅さんが1万円で八百屋から現金でバナナを買う（＝仕入）としま
す。そのバナナを、お祭りでお客に対してそのときの掛け合いで価格を決めて
現金で売り上げる場合をイメージしてください。寅さんは儲かったのでしょう
か？　屋台を閉めてお金の残額を数えて、1万円を超えていたら儲けたことに
なりますね。

図表1-1　現金のやりとりで行われるバナナのたたき売り

◆ 信用取引の増大

　しかし、現在の商売は、こういった現金での取引よりも「信用取引」が中心となっています。信用取引とは、売上のときにお金はもらわず、後で銀行口座などに振り込みをしてもらう方法です。そうなると売上のときに、いつ・誰から入金があるのかを覚えておかなくてはいけません。すなわち、信用取引では、売上先のＡさんに、後でお金を支払ってもらう約束をした「売掛金」という債権があることを記帳しなくてはなりません。同じように、仕入のときの商品の代金をそのときには支払わずに後で仕入先のＢさんに支払う約束をするという「買掛金」という債務があることを記帳しなければならない必要がでてきたのです。すなわち、売り上げたときに現金の収入がなくても売上として処理する必要があったのです。

　このように、現金の収受に関係なく売上や仕入が発生（一般的には商品を引き渡したとき）したときに会計処理をすることを、「発生主義会計」といいます。現金主義会計では正しい儲けの算定ができないことから、発生主義会計が必要になったのです。

　ここで、おさらいもかねて、現金主義会計では正しい儲けが算定できないことを、事例を通して紹介します。

事 例 🖊

　1 年間に100万円の売上がありました。

　　売上の内訳：60万円の現金をＡさんから受け取りました。

　　　　　　　　来月に40万円の現金をＢさんから受け取る予定です。

　　売り上げた商品の仕入金額は80万円でした。

　　仕入の内訳：70万円を現金でＣさんに支払いました。

　　　　　　　　来月に10万円を現金でＤさんに支払う予定です。

　この事例につき、現金主義会計と発生主義会計それぞれでどのように計算をするのか比べてみましょう。現金主義会計の場合は、現金の収受のみに着目し

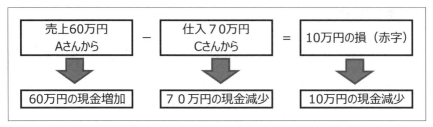

図表1－2　現金主義会計の場合

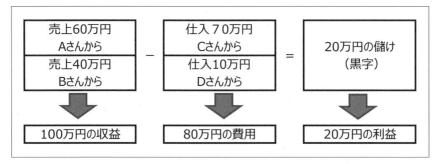

図表1－3　発生主義会計の場合

て計算します（図表1－2）。

　一方、発生主義会計の場合は、現金の収受がなくても計算します（図表1－3）。

　このように、現金主義会計の、現金の増加と減少という側面だけで儲けを考えると、正しい儲けをとらえられないということがお分かりでしょう。対して発生主義会計では売上という収益が発生したことと、仕入という費用が発生したと考えますので、本当の儲けが分かります。

コラム

　信用取引の一形態である富山の薬の商いである「先用後利」と「懸場帳」を紹介します。

富山の配置薬は、お得意様に何種類もの薬を預けておいて後から使われた分の代金をいただき、新しい薬を補充する「先用後利」という独特の商法で、使う人の立場にたった便利なシステムでした。また、薬屋さんが商売をする配置先を「懸場」とい

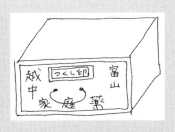

い、預けた薬の種類、数、服用高を記入した帳面は「懸場帳」と呼ばれました。この懸場帳には、お得意様の家族構成や健康状態などいろいろな情報が収められていたそうです。

　薬屋さんの背負っているかごを「柳行李」（やなぎごうり）といい、1 段目に「懸場帳」「そろばん」「筆記具」「財布」などの商売の道具、2 段目にはお得意様へのお土産品、3 段目には引き上げてきた薬、4・5 段目には新しい薬が収められていたそうです。お得意様を信用する日本人らしい、まさしく信用取引であり、商いの工夫が感じられますね。筆者が子どもの頃、家には富山の配置薬の薬箱がありました。また、薬屋さんから紙風船をお土産品としてもらって、嬉しかった記憶があります。

◆ 売上原価の算定

　発生主義会計は「儲け」を算定する会計だと上述しましたが、さらに、売り上げた商品の売上原価を正しく算定しなくては本当の儲けは分からないということを、事例を通して説明したいと思います。

事例 🖋

　寅さんのようなバナナのたたき売りが、八百屋で３万円分のバナナを現金で仕入れて、現金で４万円を売り上げた場合は、１万円の儲けとなりますね。ここで、その前日に急な雨などによって売れ残ったバナナが２万円分あるとします。そのバナナ２万円分と当日に現金で仕入れた３万円分のバナナを売り上げた場合（図表１－４）、１日の儲けはどう考えたらよいのでしょうか？

　現金主義会計と発生主義会計で比べてみましょう。

　図表１－５のように、現金主義会計では、前日に仕入れたバナナの代金は含めません。

　一方、発生主義会計では、前日に仕入れたバナナの代金は含めて考えます（図表１－６）。

　この事例でも、現金主義の会計処理では本当の儲けが分からないことが理解できると思います。現金主義会計だと、寅さんは、今日は儲けたと喜んでしま

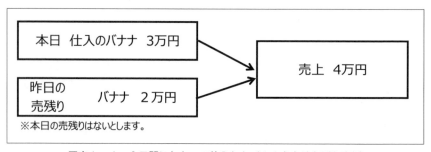

図表１－４　２日間にわたって仕入れたバナナを売り上げた事例

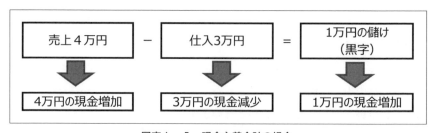

図表１－５　現金主義会計の場合

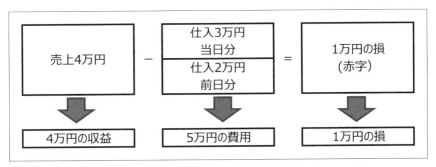

図表1－6　発生主義会計の場合

うでしょう。この他にも、おなかがすいて売り物のバナナを食べてしまった分とか、子どもに売り物のバナナをあげてしまった分なども現金主義会計では把握ができないですよね。正しい売上原価とは、売ったバナナをいくらで仕入れたかの仕入原価を計算することであり、そのためには発生主義会計で帳簿につけることになりますが、誰も寅さんにそれを求めないし、映画のシーンになじまないでしょう。それこそ、「江戸っ子は宵越しの銭は持たぬ」というイメージでしょうか。

　次に、現金主義会計では利益操作が簡単にできてしまうことが分かる事例を紹介します。

事 例

　現金の売上が100万円あったとします。現金での仕入が80万円の場合は、20万円の儲けとなります。読者もお分かりだと思いますが、実は現金主義会計の場合、儲けを0にすることもできます。それは、現金で20万円の仕入を行えばいいのです。そうすると、売上の100万円は変わらないのですが、仕入が80万円に20万円を加えて100万円となり、儲けはないということになります（図表1－7）。このことから、現金主義会計では利益操作が簡単にできてしまうことが分かります。

　一方、発生主義会計の場合は、現金で仕入れても、その仕入れた商品を売ら

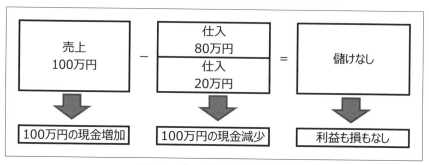

図表1－7　現金主義会計の場合

ないと売上原価としてその分は儲けの計算に算入しないので、この事例の場合でも儲けの金額は20万円で変わりません。

◆ 適正な期間損益計算

　ここまで発生主義会計での儲けについて説明してきました。ここでさらに押さえておく必要があるのが、その儲けは「いつからいつまでの期間のものなのですか？」ということです。この期間のことを「会計期間」といいます。仮に、会社が設立されて倒産するまでがひとつの会計期間であるとするならば、現金主義会計でも発生主義会計でも利益は同じになります。しかし、会社は永遠に継続することを前提としていますし、国は儲けた会社から税金をとる必要があります。このことから会計期間を人為的に区切る必要がでてきました。

　他方、自治体にも会計期間がありますが、これは自治体の収入・支出の計算を区分整理して、その関係を明確にするために設けられたといわれています。この自治体の会計期間は4月1日から翌年の3月31日までです。なお、個人の確定申告をする際の期間は1月1日から12月31日までです。会社などの法人は任意に会計期間を設定できますが4月1日から翌年の3月31日までの期間が多いようです。

　会計期間が決まったら、その期間の売上なのか、仕入なのかを判断する会計基準に、「現金主義会計」と「発生主義会計」の考え方があるのです。さきほ

どの、信用取引や売上原価の算定は比較的理解しやすいと思います。そもそも「発生主義会計」では、現金の収支がない場合でも、儲けの算定に「費用」や「収益」を計上します。一方、「現金主義会計」は現金の収支が実際に発生したときに「収入」や「支出」として計上するのです。

その儲けは「いつからいつまでの期間のものなのですか？」ということ、つまり期間損益計算を適正にするためには「費用」と「収益」を正しく算定することが必要となります。ここで事例を通して確認しましょう。

事例

商売をするのに車が必要となり、その代金100万円を現金で支払いました。その車は5年間使用できるものとした場合の（耐用年数といいます）、会計上のとらえ方について説明します。

現金主義会計の考え方では、代金の支払時に100万円という現金の支出を認識します。一方、発生主義会計の考え方では、1年当たりの金額は100万円÷5年間で20万円という費用を認識することになります（図表1−8）。

このように、単年度でみれば「支出」と「費用（コスト）」の金額が、現金

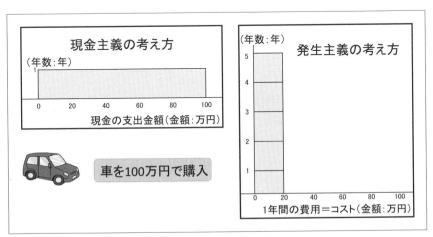

図表1−8　車を現金100万円で購入した事例

主義会計と発生主義会計では全く違うことがお分かりでしょう。5年間の合計では、いずれの会計でも、支出も費用も100万円になることも併せて理解してもらえればと思います。

ざっくりポイント

発生主義会計は儲けの会計です。信用取引の増大に伴い、また、売上原価の算定など正しい儲けの算定が現金主義会計ではできないことから、企業会計は発生主義会計に移行しました。

そして儲けの算定のためには会計期間の設定も必要となりました。さらには、商売が大規模になり、長期に使う資産等（建物や機械など）を費用として適正に配分するための適正な期間損益計算が求められるようになりました。

第3節　修正現金主義の限界

◆ 出納整理期間

　自治体の会計期間は4月1日から翌年の3月31日までですが、読者の皆さんは、なぜ出納整理期間があるのかご存知でしょうか？　ここで事例を通して確認しましょう。

事 例 ✎

　車を3月20日に購入（納車を確認）したとします。その車の代金は翌年度の4月20日に支払いました。この場合、どちらの年度で車を購入したことになるのでしょうか？

　自治体の場合は、日本国憲法第85条を法的拠り所とする予算準拠主義から、予算措置がされていないと車の購入はできません。この例では、予算措置をされている年度に車の購入をして、納車も確認しています。ただ、お金の支払が翌年度になってしまったということです。現金主義会計なら、翌年度の会計年度で購入したことになりますよね。そうなると、予算措置された年度の翌年に購入ということになってしまいます。自治体の会計は単年度会計というルールがありますので困ったことになります。

　○地方自治法（昭和22年法律第67号）
　（会計年度及びその独立の原則）
　第二百八条　普通地方公共団体の会計年度は、毎年四月一日に始まり、翌年三月三十一日に終わるものとする。
　2　各会計年度における歳出は、その年度の歳入をもつて、これに充てなければならない。

　そこで考えられたのが、「出納整理期間」という考え方です。すなわち、前

年度の会計年度末までに確定した債権債務について、現金の未収未払の整理を行うことができるように設けられた期間です。会計年度終了後、3月31日の翌年度の4月1日から5月31日までの2か月間のことを指します。

　ここでお気づきの方もいると思いますが、債権債務という概念は発生主義の考え方です。すなわち、会計期間の考え方は発生主義会計を採用するということなのです。統一的な基準による地方公会計マニュアル（令和元年8月改訂）財務書類作成要領の15段落にも、「財務書類の作成基準日は、会計年度末（3月31日）とします。ただし、出納整理期間中の現金の受払い等を終了した後の計数をもって会計年度の計数とします。」という記載があります。

　現金主義会計では矛盾してしまう会計処理の部分を、出納整理期間という魔法の期間で解決したかったような制度ですね。筆者は、まるで、どうしても、自治体では発生主義会計を採用したくないということも感じられる制度だと思います。

　なお、上記事例を発生主義会計に基づいて処理をするならば、

当該年度
　車100万円という資産を取得し、100万円という未払金という負債を計上します。

翌年度
　現金100万円という資産の減少を計上し、未払金という負債を相殺します。

　このように発生主義会計に統一すれば出納整理期間は必要がないということになります。

◆　自治体の資産とは？
　では、どうして自治体に発生主義会計が必要になってきたのでしょうか？
それは、儲けの理論を採用するのでなく、自治体の保有する建物などの資産を

把握する必要がでてきたからです。具体的には、道路、橋りょう、下水道、学校などの様々な資産は、高度成長からその後の人口が急速に増加した時期に整備されたものが多く、老朽化が急速に進んでおり、近い将来、更新時期を迎える施設が数多く存在しています。このような背景から、各自治体は、公共施設の老朽化に対して早期に実態把握をする必要が生じたのです。

　そして、この実態把握のために、発生主義会計の考え方の中での適正な期間損益計算、特に、資産の購入金額を耐用年数によって費用配分する考え方を利用することにしたことが、自治体の会計にも発生主義会計を取り入れることとなった大きな理由だと筆者は感じています。さらに、そのために、資産を把握するための「固定資産台帳の整備」と「複式簿記の導入」が当然必要になったのです。この辺りの議論は公的な場ではほとんどされることはありませんでしたが、総務省は大臣通知で次のように説明しています。

　「我が国においては、公共施設等の老朽化対策が大きな課題となっております。地方公共団体においては、厳しい財政状況が続く中で、今後、人口減少等により公共施設等の利用需要が変化していくことが予想されることを踏まえ、早急に公共施設等の全体の状況を把握し、長期的な視点をもって、更新・統廃合・長寿命化などを計画的に行うことにより、財政負担を軽減・平準化するとともに、公共施設等の最適な配置を実現することが必要となっています。」（平成26年総財務第74号）

　要するに、国も自治体も財政が厳しい状況にあるので、施設も選択と集中により数を減らしてくださいということです。それでは自治体が、施設という資産を持つことはだめなのでしょうか？　そんなことはありません。資産が多ければ、それだけ住民の生活の利便性は高まります。しかし同時に、資産が多いからといって、自治体の収入が増えるわけではありません。特に、道路などの資産は売ることができませんよね。むしろ、資産が多いことは、それらの資産を維持・管理するためのお金が必要であり、人の配置も必要です。さらには建替えなどの更新費用も必要になります。すなわち、資産も負担となってくるということです。

ざっくりポイント

修正現金主義会計は、原則的に現金の入出金の取引を認識する会計です。その内容に加えて、本来の期末日（3月31日）で確定している権利・義務に適合した歳入及び歳出の取引を出納整理期間内に取り込むことです。この考え方は現金主義そのものであり、発生主義会計の導入でなく、あくまで帳簿上の整理期間としての性格であるといえます。

第4節　複式簿記って覚えなくてはいけないの？

◆ 複式簿記は覚えた方がいいかも

　ここまでで、現金主義会計と発生主義会計の違いは理解できたでしょうか？ところで、発生主義会計はその記帳方法として、複式簿記を採用しています。では、複式簿記は覚えなくてはいけないのでしょうか？　これまで筆者は自治体の職員に対しては、複式簿記を覚えて損はないので覚えた方がいいですよと伝え、簿記の検定試験の自主勉強会などを開催してきました。

　本書は、自治体議員を対象にしています。自治体議員の皆さんは、複式簿記の検定試験を受験とまではいかなくても、複式簿記の基本的な考え方を理解していただければいいのかと思います。なぜなら、自治体の経営を大局的に判断できるようにするためには、会計についてざっくりとでも理解することが必要だからです。実は自治体議員で、筆者の勧めで簿記の検定試験を受験し、「合格しました」との嬉しい報告を受けたこともあります。こんなことを仰ってました。「これからも、少しずつでも財政の勉強を続けたいと思っております。宮澤さんの、これからの財政を取り組むのだったら簿記を勉強した方がいいとの助言で簿記の検定試験を受験しました。勉強してお金の流れについて良く意識ができるようになったような気がします。ありがとうございました。」（宮池明 奈良市議会議員）

　自治体議員の皆さんも様々な活動をされていると思いますが、その活動の基本となるのは財政とか会計であるので、簿記の検定試験を受験するのも有効な手段であるのは間違いありません。

コラム

複式簿記の歴史

　雑学レベルになりますが、知っていればちょっと得した気分になる複式簿記の歴史をざっくりと紹介したいと思います。

13世紀から15世紀　地中海貿易で発達した会計技術

　諸説はありますが、複式簿記の始まりは地中海貿易で発達した会計技術であり、ルカ・パチオリ（1445-1517）が1494年「スンマ」という書籍を残しています。この書は、当時の算術・代数・三角法などの知識を集大成したもので、その一編に「計算および記録要論」の部分が最古の複式簿記の書だといわれ、このことからルカ・パチオリは「会計の父」ともいわれています。

17世紀最初　東インド会社の決算

　中世の貿易船の場合は、一航海が終わると収支を調べて財貨を分配して終わるのでしょうが、今日の企業は永遠に継続していくのが前提です。そうすると、ダラダラと帳簿を付け続けるわけにはいきませんから適当なところで区切ることになります。これを会計期間といいます。1600年にイギリスが経営した東インド会社は、1665年に決算をした後、次の決算は20年後の1685年だったそうです。東インド会社（1600-1874）は、エリザベス1世が特許状を与えて成立したもので、当時は貴重品であった香辛料を東南アジアから輸入していました。

17世紀後半　ルイ14世、2年ごとの決算

　フランスでは1660年代に大恐慌が起こって会社の倒産が続発したときに、財産隠しのための偽装倒産が出現しました。これに対応し、ルイ14世（1638-1715）が2年ごとの決算をするように定めました。1673年に最初に作られた商法がフランス商法です。この考えに基づく

「商事王令」の第11章第12条には「帳簿をきちんと書いていない者は死刑に処する」との規定があったようです。これは、倒産した会社の共通点が帳簿の付け方がずさんだったために、商人に帳簿の作成の義務を課したということだと思います。

18世紀から19世紀　ゲーテの簿記教育

　ドイツの詩人であるゲーテ（1749-1832）は、「簿記」を賞賛したことで有名です。その著書『ヴィルヘルム・マイスターの修業時代』の中で、ゲーテは、登場人物に次のように語らせています。

　「商売をやっていくのに、広い視野を与えてくれるのは、複式簿記による整理だ。（中略）複式簿記が商人に与えてくれる利益は計り知れないほどだ。人間の精神が生んだ最高の発明の1つだね。立派な経営者は誰でも経営に複式簿記を取り入れるべきなんだ。」（岩波文庫版より引用）

　実際、ゲーテはワイマール公国の大臣だったときに、すべての国民に簿記教育を義務付けたといわれています。

　ここからは、明治時代の日本においての複式簿記の歴史を紹介します。

明治6年（1873）　福澤諭吉　簿記テキストを翻訳

　福澤諭吉はアメリカから持ち帰った簿記の本（『ブックキーピング』（ブラ

イアント＝スタットラント著、1871年）を翻訳し、明治6年（1873）に「帳合之法（ちょうあいのほう）」を出版しました。わが国最初の簿記の本であるといわれています。福澤諭吉は初めての簿記書の翻訳に苦労したようで、「全集」に余が最も面倒にして最も筆を労したものは「帳合之法」なりと述べています。苦労や工夫した内容は次のとおりです。

①初めての簿記用語

Book-Keeping を「帳合」と訳しました。のちに簿記という訳になりましたが誰が訳したのでしょうか？　銀行関係の書籍には簿記という表記がありますが詳細は分かりませんでした。さて、福澤諭吉の訳である帳合は帳簿を合わせるという意味だと思いますが、簿記は帳簿記入の意味であり、かつ、Book-Keeping の Bo（ぼ）と Ke（き）を利用したともいわれています。明治の人は発想が素晴らしいですね。

②数字の書き方、十進法の発想など

もともと数字を縦書きに書くこと自体が分かりにくいですよね。このほか、簿記書形式の創案なども苦労されたようです。

帳合之法は単なる翻訳書ではなく福澤諭吉の願いが込められていることを紹介します。「商売を軽蔑してこれを学問と思はざりし罪と云ふ可し。…此帳合の法を学はしめなば、始て西洋実学の実たる所以を知り。…実学に勉強して…天下の経済更に一面目を改め全国の力を増すに至らん乎、訳者の深く願ふ所なり。」

明治 9 年（1876）　大蔵省に簿記法取調掛を設置

　ポルトガル人プラガ（Vincent Emilio Braga、1841-1911）を大蔵省造幣局が招聘。プラガは明治初年に来日し、明治 8 年大蔵省に移り簿記法改正の指導を開始し、政府はプラガの指導に従い明治12年以後の複式簿記の採用が実現しました。

明治11年（1878）　「太政官第42号達」で複式簿記採用

　明治11年 9 月30日「太政官第42号達」とは、官省院使、府県に対して発出された、「金銭出納簿記ノ儀明治12年 7 月ヨリ複記式ニ改正」の通知のことです。明治初年の出納事務は、各省が必要な経費を太政官に申し出をし、太政官が必要と認めれば、その支出を大蔵省に命ずる方式によっていましたが、これを複式簿記に改めたとのことです。

　その後、明治15年には単式予算簿を廃止し、予算執行の全面にわたり収支を一貫して複式記帳を行うこととなったため、当時の役人は仕訳、転記など事務上の煩雑さが増大されたのではないかと思います。

明治22年（1889）　大日本帝国憲法制定時に単式化

　当時の国庫金の管理は、各役所や県がばらばらに管理するもので、その集計には相当の時間がかかっていたとのことです。その状況下で厳格な現金管理を担保するために行われていたのが複式簿記でありました。その後、中央銀行である日本銀行が明治15年に設立され、国庫金の集中管理が行われるようになり複式簿記は廃止されました。当時の会計法の制定に際して、会計原法草案（大日本帝国憲法下における天皇の最高の諮問機関である枢密院の議決を経た第一草案の直前の案）の段階では複式簿記となっていましたが、最終的に引き継がれなかったとのことです。これにより、現在に至るまで、単式簿記・現金主義の官庁会計が継続することになりました。

もともと、発生主義の儲けの会計は必要ではなく、明治維新の後の混乱期に、現金の保管管理に複式簿記が採用されたのであれば、日本銀行で現金の集中管理が可能となったのですから、煩雑な複式簿記を嫌う保守的な役人も多くいたことが推測されますので、複式簿記が廃止されたのは自然の流れのように感じます。

◆ 複式簿記、これだけは覚えよう！　3つの基本ルール

　コラムを通して複式簿記の歴史も理解ができたと思います。ここでは、自治体議員として、ざっくりでいいのですが押さえてほしい複式簿記の基本ルールを紹介します。

①複式簿記は2面的な記録を行う

　まず、複式簿記の2面的な記録について説明します（図表1－9）。車を購入した例で説明をしましょう。100万円の車を購入した場合、現行の単式簿記（＝官庁会計）では、100万円の現金のマイナスのみを記帳します。お金のマイナスの理由と車を購入したという事実は台帳等に記録されるのですが、100万円の車というプラスの資産の情報は会計の帳簿上には記録されません。ここで会計の帳簿に記録されないということがポイントになります。

　一方、複式簿記の場合は「100万円の車という資産」のプラスと「現金100万円のマイナス」という2つの情報が会計の帳簿に記録されます。これが2面的な記録を行うという意味です。

　簿記の実務では2面的に記録することを「仕訳」といいます（図表1－10）。よく間違えられやすいのですが事業仕分けの「仕分け」ではないことに注意をしてください。仕訳の例を挙げてみましょう。例えば、「銀行から現金を借り入れた」場合には、①現金という資産が増えたということ、そして②銀行に対して借金をした、すなわち負債が増加したという2つの面から記録をするので

図表1−9　複式簿記は2面的な記録を行う

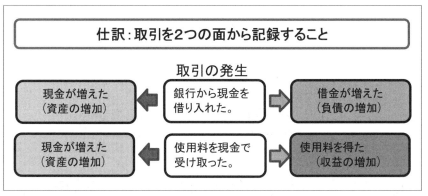

図表1−10　仕訳とは取引を2つの面から記録すること

す。また、「使用料を現金で受け取った」場合ではどうでしょうか。まず、①使用料分の現金が増えたということと、②使用料収入を得たという２つの面から記録します。

　銀行からの現金借入れも、使用料としての現金収入も、いずれも「現金が増えた」ということは同じですね。違うのは、「どうして現金が増えたのか」ということです。前者は銀行に借金をしたからですね。後者は使用料という収益を得たからですね。このことからも分かりますが、複式簿記における２つの面というのは、「原因」と「結果」を表すともいわれています。上記２例とも現金が増えたという結果は同じですが、原因（内容）は全く違うということがお分かりだと思います。

② ５つの要素に分類しよう

　上述のように、複式簿記では取引を２つの面から記録するのですが、ここで記録するにあたって覚えておきたいルールがあります。それは、「取引の内容を５つの要素に分類する」ということです。つまり、その５つの要素が増えたか減ったかを記録するということです（図表１－11、１－12）。

　費用のグループには、仕入（売上原価）・給料・光熱水費・支払利息・通信

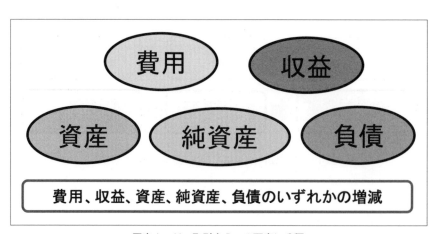

図表１－11　取引を５つの要素に分類

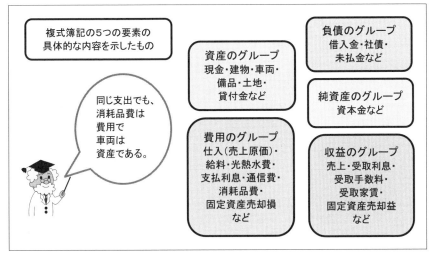

図表１-12　５つの要素の具体的内容

費・消耗品費・固定資産売却損などが属します。収益のグループには、売上・受取利息・受取手数料・受取家賃・固定資産売却益などが属します。資産のグループには、現金・建物・車両・備品・土地・貸付金などが属します。負債のグループには、借入金・社債・未払金などが属します。純資産のグループには資本金などが属します。

③貸借対照表と損益計算書を覚えよう

　次に覚えていただきたいのは、貸借対照表と損益計算書です（図表１-13）。

　貸借対照表は「バランスシート」、「BS（ビーエス）」とも呼ばれます。貸借対照表の左側は「資産」、右側は「負債」となります。「資産」から「負債」を差し引いたのが「純資産」になります。貸借対照表には資産と負債が記録されていることから、すなわち、ストック情報が記録されているといえます。

　損益計算書は「PL（ビーエル）」とも呼ばれています（『Profit＆Loss Statement』の略）。この計算書は、会計期間中の費用と収益を集計したもので、フロー情報とも呼ばれています。

貸借対照表		損益計算書	
借方	貸方	借方	貸方
資産 　現金 　建物 　車両 　備品 　土地 　貸付金 　など	負債 　借入金 　社債 　など 純資産 　資本金 　など	費用 　仕入(売上原価) 　給料 　光熱水費 　支払利息 　通信費 　消耗品費 　固定資産売却損 　など	収益 　売上 　受取利息 　受取手数料 　受取家賃 　固定資産売却益 　など

図表1－13　貸借対照表（BS）と損益計算書（PL）

　これらBSとPLを作成するにあたり、取引を「仕訳」として整理していくのです。作成方法の手順はここでは省略しますが、さきほど説明した5つの要素がこのBSとPLの中にあることを確認してもらえればと思います。この要素が増加した分、減少した分を記録することにより、このようなBSとPLが完成するということを押さえてもらえればいいと思います。

ざっくりポイント

複式簿記の仕訳から財務諸表の作成までを覚える必要はないと思います。読者にぜひ覚えてほしいのは、簿記の基本原則である「取引を2つの面から記録」・「5つの要素から分類」し、その結果として「貸借対照表」と「損益計算書」が作成されるということです。これらについては理解していただきたいと思います。

第5節　夕張市ってなぜ財政破綻したの？

◆　夕張市の財政破綻を学ぶことは、新公会計制度への理解につながる

　夕張市が破綻した要因を検証することは、今後の新公会計制度を考えるうえでの生きた教材となると思います。まず、夕張市の破綻に至る経過を整理してみましょう。

　夕張市は石炭産業を基幹産業として発展し、昭和35年には人口11万6千人（住民基本台帳）を有する「炭都夕張」として最盛期を迎えました。しかし、その後の相次ぐ炭鉱災害やエネルギー変革により炭鉱が閉山となり、人口も激減しました。

　そこで、炭鉱に代わる基幹産業として第三セクターによる観光の基盤づくりを目指しましたが、その財源を借金に依存したため、財政が硬直化してしまいました。

　長引く不況の影響で第三セクターは赤字運営となりましたが、夕張市は雇用の場の確保及び地域振興策の推進のためスキー場などに多額の投資をした結果、財務の増大を招き、さらなる赤字を抱えました。

　このように財政状況が逼迫する中で、4月・5月の出納整理期間を利用して市と第三セクターとの間で貸付金や借入金の取引を行うなど、表面上の赤字額をみえにくくする不適切な会計処理が行われ、長年にわたり赤字額が拡大していったのです。

　平成18年度には観光事業会計や病院事業会計などを廃止し、累積債務の精算などを行った結果、実質収支赤字額は約353億円にまで膨らみました。

　※夕張市が出資した第三セクターの倒産事例

　（出所：平成19年7月11日：㈱帝国データバンク　第三セクターの倒産動向調査より）

　・夕張観光開発㈱　　　　負債額54億6千万円
　・夕張木炭製造㈱　　　　負債額16億円

・㈱石炭の歴史村観光　負債額74億8千8百万円

◆　夕張市の財政破綻を考えるうえでの3つのポイント

　ここで夕張市の財政破綻を考えるにあたって、3つのポイントを検証してみようと思います。

①人口減少

　ひとつ目のポイントは人口減少問題です。今、日本全体が人口減少問題の解決に取り組んでいます。では、人口減少に伴う問題点はどういうことでしょうか？

　まず、人口の減少により働き手の人口も減少しますので、おのずと自治体の財源の中心である地方税の収入も減少することが挙げられます。地方税は自治体が自由に使えるお金です。地方税は住民税と固定資産税が主なものになります。

　もうひとつは、地方交付税の減少が挙げられます。地方交付税は、すべての地方自治体が一定の水準を維持しうるよう財源を保障する見地から、国税として国が代わって徴収し、一定の合理的な基準によって再配分する、いわば「国が地方に代わって徴収する地方税」（固有財源）という性格をもっています。この算定にあたっては人口数も考慮されることから、人口が減少すると地方交付税も減少するということになります。

　夕張市はこの人口減少すなわち人口の流出を食い止めるために雇用の場の確保を試みました。これは、住民サービスを維持したいと考えたからだと思います。しかしながら、この計画はうまくいかず、人口の減少は止められませんでした。それにより、例えば病院事業会計では、患者数の減少や病床利用率の低下により多額の資金不足が発生することになりました。また、公共下水道会計事業では、集落が分散し、かつ、その集落が傾斜地であるという地理的な条件により下水道工事などの固定経費が多くかかる中での人口減ということになり、残された住民が支払う受益者負担としての下水道の料金収入だけでは資金

不足が生じてしまいました。このように人口減少は自治体にとっては致命的な
リスクであるといえます。

②資産の取得（投資）

　2つ目のポイントは、夕張市が投資をして、資産の取得をしたことです。人
口の減少を防ぐためには雇用の場の確保が必要であるという論理から、夕張市
は炭鉱閉山後のインフラ整備や石炭産業に代わる地域振興のための観光施設整
備に取り組みました。『現代林業』（全林協、平成元年）では、「夕張市ではこの
工場が離職者対策とまちおこしを兼ねたものとして期待が高い」として「夕張
木炭製造㈱」を紹介しています。平成18年9月11日北海道企画振興部の「夕張
市の財政運営に関する調査」によると下記のような観光関連施設等の多額の投
資が報告されています。

　　平成8年　ホテルシューパロ取得　　　　　　　　20億円
　　平成14年　Mt.レースイ取得（ホテル・スキー場）　26億円
　　平成12年〜18年　平和運動公園整備　　　　　　12億円
　　平成12年〜19年　郷愁の丘ミュージアム整備　　　11億円

　上記の資産の取得に加えて、ホテルやスキー場などを経営する「夕張観光開
発㈱」、炭鉱跡地に離職者対策用としての木炭関連の製造工場を経営する「夕
張木炭製造㈱」、テーマパークを経営する「㈱石炭の歴史村観光」など夕張市
の第三セクターが挙げられます。

　ここで指摘できることは、人口減少対策として、夕張市はあまりにも施設を
持ちすぎたのではないでしょうか？　一説には、景気後退により民間会社が手
を引いて夕張市に押し付けたのだとか、市長の任期が長すぎたのではないので
ないか、などといわれていますが、いずれにせよ自治体が経営するには少し無
理があったのだと思います。投資に見合う効果を求めるというよりは、とにか
く人口の減少を食い止め、炭鉱産業からの離職者の雇用を確保したいというこ

とが優先されたのだと思います。仮に、資産の取得を伴わない事業が失敗したならば、その年度の損失で済みますが、資産を取得しての事業は、当然に資産購入に多額な借金をしていることから、その事業をやめても借金は残ることになります。さらに施設などの資産は、取得した後も維持管理費がかかることを考慮しなければなりません。当時はバブル経済期に入り、夕張市の観光を中心としたまちづくりが評価され、平成2年には「活力あるまちづくり優良地方公共団体」として自治大臣から表彰されたというのは、皮肉な歴史であると思います。

③不適切な会計処理

　最後のポイントは、不適切な会計処理です。上述してきたように、人口減少問題に対応するために、観光を柱としたまちづくりを目指したということは一定程度は理解できます。しかし、バブル崩壊後において、赤字を不適切な会計処理で隠そうとしたことが財政破綻に至った一番の問題であると考えます。ここで利用されたのが「出納整理期間」です。出納整理期間は、あくまでも債権債務を整理する期間であると前述しましたが、夕張市においては不適切な会計処理に利用されてしまったということになります。不適切な処理方法の実態を前述の「夕張市の財政運営に関する調査」から紹介をします。

　「夕張市においては、予算上、一般会計から他会計に繰り出すべき予算を貸付金として措置するなどし、一般会計と他会計間で出納整理期間（4月〜5月）中に、次年度の他会計から当該年度の一般会計に償還する、年度をまたがる会計間の貸付・償還が行われてきた。

　すなわち、一般会計が他会計に貸付を行うことにより、一般会計に収支不足が生じるが、当該年度の出納整理期間（4〜5月）中に、他会計の次年度予算から一般会計へ貸付金の償還を行うことにより収支は均衡する。

　一方、他会計が貸付金の償還を行ったことによる収支不足は、翌年度の一般会計からの貸付金により収支は均衡する。

　これら貸付金の資金手当には一時借入金が充てられていることから、夕張市における実質的な赤字の増加は、一時借入金残高の増加と連動する形で現れてくることとなる。

　こうした年度をまたがる貸付・償還という手法は、夕張市において長年にわたって行われてきたところであり、実質的な赤字を見えなくするとともに、多額の赤字を累積してきたことから持続不可能な財政運営であり、不適正な財務処理である。」

　夕張市が実施していた不適切な処理というのは、例えば、毎月の給与収入が20万円しかないのに、毎月21万円の支出を続けたということです。どういうことになるでしょうか？　最初の月に１万円が不足しますのでクレジットローンで借ります。給料日に借り入れた１万円を返済します。そうすると、その月の実質の収入は19万円になりますので、翌月も21万円の支出をすると２万円が不足します。その不足分をクレジットローンで借ります。これを続けたということなのです。実際には利息の支払も発生します。こういった事態に陥った場合、本来であれば財政破綻を避けるためには、支出を20万円に抑えるか、収入を１万円増やすしかないということは明白です。

ざっくりポイント

夕張市では財政破綻後、財政状況をチェックできなかった議会にも厳しい目が向けられ、破綻後は議会の傍聴者が増えたとのことです。夕張市の住民はとてつもない犠牲を強いられています。わがまちの財政状況をチェックできる基本的な知識を身に付けることの大切さを、夕張市の事例から学びましょう。

第6節　小泉内閣時の「行政改革推進法」が根拠なの？

　　ここで、平成13年5月7日に行われた第151回国会における小泉内閣総理大臣（小泉内閣は平成13年4月26日～平成18年9月26日）の所信表明演説の一部を紹介します。

　　「…財源問題を含めて、地方分権を積極的に推進するとともに…行政の透明化を向上させて国民の信頼を高めるため、特別会計などの公会計の見直し・改善、情報公開や政策評価に、積極的に取り組んでまいります。」(枠線筆者)

　　小泉総理は総理就任後、「改革なくして成長なし」のスローガンのもと行政改革に取り組みました。この改革のひとつが「公会計」でした。具体的な基本方針は平成17年12月24日閣議決定された「行政改革の基本方針」の中で、地方の取組みとして次のような方針が示されました。

　　「地方においても、国と同様に資産・債務改革に積極的に取り組む。各地方公共団体の資産・債務の実態把握、管理体制状況を総点検するとともに、改革の方向と具体的施策を明確にする。総務省は、各地方公共団体と協議しつつ、目標と工程表の作成などの改革を推進するよう要請する。」

　　この要請を受けて平成18年に成立した法律が「簡素で効率的な政府を実現するための行政改革の推進に関する法律」であり、法律名が長いことから「行政改革推進法」とか「行革法」と略されることも多いです。この法律が公会計改革を推進する根拠法令となっています。

○簡素で効率的な政府を実現するための行政改革の推進に関する法律（平成18年法律第47号）

（地方公共団体における取組）

第六十二条　地方公共団体は、第五十八条から第六十条までの規定の趣旨を踏まえ、その地域の実情に応じ、次に掲げる施策を積極的に推進するよう努めるものとする。

一　当該地方公共団体の資産及び債務の実態を把握し、並びにこれらの管理に係る体制の状況を確認すること。

二　当該地方公共団体の資産及び債務に関する改革の方向性並びに当該改革を推進するための具体的な施策を策定すること。

2　政府は、地方公共団体に対し、前項各号の施策の推進を要請するとともに、企業会計の慣行を参考とした貸借対照表その他の財務書類の整備に関し必要な情報の提供、助言その他の協力を行うものとする。

　小泉内閣終了直前で開かれた経済財政諮問会議（議長が小泉内閣総理大臣）の議事録の一部を紹介したいと思います。

○経済財政諮問会議（平成18年9月22日）

（与謝野議員）経済財政政策諮問会議としても、引き続き資産債務改革、特別会計改革、公会計改革に取り組んでいくこととしたいと思う。

　それでは、総理から御発言があればお願いします。

（小泉議長）　いいです。

　以上、小泉内閣のときの「行政改革推進法」が公会計改革の根拠だということがご理解いただけたと思います。

　しかしながら、この後、財務書類の作成方法などは統一されず、固定資産台帳の整備も進まないまま期間が経過してしまったということも事実です。そんな中でも、今後の地方公会計の整備促進につき、総務省の研究会の場において

議論が重ねられ、長い期間を経て、統一的な基準が設定されました。このことを受けて、平成27年１月23日に「統一的な基準による地方公会計の整備促進について」の通知が総務大臣から出されました。主なポイントは次のとおりです。

　「人口減少・少子高齢化が進展している中、財政のマネジメント強化のため、地方公会計を予算編成等に積極的に活用し、地方公共団体の限られた財源を『賢く使う』取組を行うことは極めて重要であると考えております。」

　「統一的な基準による財務書類等を原則として平成27年度から平成29年度までの３年間で全ての地方公共団体において作成し、予算編成等に積極的に活用されるよう特段のご配慮をお願いします。」

ざっくりポイント

公会計改革の根拠法令は、小泉内閣時に制定された行政改革推進法です。ポイントは「資産・債務改革」です。そのために、「複式簿記の導入」と「固定資産台帳の整備」が求められました。

第 7 節　なぜ会計制度を法制化せず、大臣通知なの？

◆ 発生主義・複式簿記が法制化されないのはなぜか

　発生主義・複式簿記の取組みを推し進めていくのであれば、地方自治法など
の法整備をする必要があるはずです。この辺りの議論はなされたのでしょう
か？　歴史を遡ること昭和34年 4 月、当時の自治大臣（現在の総務大臣）の諮
問に応じ、自治体の財務会計制度に関する重要事項を調査審議するために自治
省の附属機関として地方財務会計制度調査会（以下、「調査会」といいます）が
設置されました。

　この調査会は昭和37年 3 月23日に地方財務会計制度の改革に関する答申を行
いました。この答申には、「発生主義・複式簿記の導入による近代的な会計制
度の確立」という提言がありましたが、残念ながらその後実現に至りませんで
した。しかしながら、この答申の他の部分は、昭和38年に地方自治法における
会計制度の根幹部分に反映されました。

　上記答申が「発生主義・複式簿記」必要性の明記に至った理由としては、予
算を重視した単年度会計では会計本来の役割である財産変動を総合的に明らか
にする仕組みになっていないため、住民に対する会計責任が果たされないとい
うものでした（他方、明治時代に発生主義・複式簿記に求められたのは厳格な現金
管理であったということはすでに説明しましたが、目的が異なることが分かりま
す）。なお、現在、求められている発生主義・複式簿記の主な目的は、「資産の
把握」のためであり、そのために固定資産台帳を整備し公共施設のマネジメン
トに活用することとされていますので、まさしく、50年以上前にそのことが指
摘されていたということになるわけです。

　では、なぜこのような発生主義・複式簿記の答申が受け入れられなかったの
でしょうか？　宮元義雄氏（昭和38年当時は自治省職員）の著作である『地方財
務会計制度の改革と問題点』（学陽書房、昭和38年）から以下のとおり考察しま
す。

　宮元氏は「決算制度に関しては、調査会がもっとも力を入れ時間を掛けて審

議した重要事項であって、それだけにいろいろ話題を提供し、議論も多かった。中には、答申の内容から省みれば、調査会が設けられていたのは、決算制度を中心に審議するためのものであったかとまでいわれたくらいである。調査会がせっかく新しい決算制度の方向性を出しているので、これが、審議検討の過程と、議論された内容を残しておくことも今後の何かの参考になろう。ことに会計決算制度は、今回の改正では見送って将来の研究にゆだねられていることから、今後引き続き各方面から、答申の線で実現するのかどうかかなりの意見があるものと思慮する。」としています。

　調査会における審議をめぐって複式簿記の会計に対してあまり実益がないという意見としては、次のような点があったとのことです。

⑴　財産、物品、金銭の各会計が遊離している点は、予算決算の附属書類として、物の状況を報告すれば足りる。
⑵　複式簿記に習熟しない職員の教育は簡単にはいかないし、一般大衆にとって公会計中の複式簿記が分かるかどうか疑わしい。
⑶　国と公共企業体との間に起きているように、二重帳簿になる可能性がある。
⑷　現在の制度に比してそう実益があるとは思われない。
⑸　会計理論にすぎない。

　自治体側の意見も紹介されています。その内容としては、全国知事会は「事務量を比較した場合、少数意見の方式を適当と考えるが、答申案による方式の精神を取り入れる場合にも、その実施の方法、時期等について十分な検討を要するものと考える。」、全国出納長会は「決算は、現行通り予算に対応する金銭収支の実績を示すものをもって足りる。」、都市収入役会は「実施について相当の準備期間を設けられたい。」としており、全国市長会からは別段の意見もなかったとのことです。

　その他の意見として、「公会計決算の全域にわたって二重形式主義を拡張せ

んとするものであり…それとも答申は公会計決算を本質的に発生主義による複式経理に移行すべきものであって、予算決算は早晩廃止すべきものと確信しているのだろうか。それならば過度的な重複制度はやむを得ないものともいえるが、その断定は軽々しくなされるべきではあるまい。もし、公会計の完全企業会計がしょせん実現し得ないものならば、中途半端な重複作業は労のみ多いおろかなことである。財産、物品、債権債務の変動なり現状なりを明らかにすべき決算調書は公会計にふさわしい別途の形式で適正に整備すればよいのである。」（神戸市古山一夫収入役）、「…資産の減耗、老朽化、汚損等に対する償却の方法が講ぜられていないため、資産の実態が画然としていない。また資産のうちには戦前、戦後を通じて価値の変動の著しいものが多く含まれているので、現在の価格に引き直す必要があり、さらには、日々の会計処理は現金の収支をもって記録され、債権、債務の的確な把握ができないので、債権、債務の発生のつど記録する方法に改める必要がある。以上により真に財政運営の適正化が期せられると思うのでこの際さらに単記式会計方式に改めるよう要望する。」（鹿児島市田上精市収入役）などが挙げられます。このような意見のある中、答申に基づく複式簿記の導入は実現しませんでした。これは法制化のチャンスを逃したということであり非常に残念なことであったと筆者は感じています。

　なお、調査会の答申による財務諸表及び附属明細書が、Ｎ市として前掲・『地方財務会計制度の改革と問題点』（学陽書房、昭和38年）の中に収録されています。Ｎ市とは実は習志野市のことですが、その経緯としては、調査会委員の中に白鳥初代習志野市長がいたからでしょう。Ｎ市が習志野市であることは図表１-14の「普通会計決算報告書」（複写分が当時の収入役の参考資料として現

図表１-14　習志野市の普通会計決算
　　　　　報告書（昭和36年度）

存していました）の表紙の中に「地方財務会計制度調査会の答申による」の記載からも明らかだと思います。

併せて、「貸借対照表」の一部を紹介します（図表１－15）。この貸借対照表で特徴的なことは、最後の脚注に「行政財産年度末残高」との記載がありますが、これは市の重要な資産である行政財産を、あえて貸借対照表の資産の部か

昭和３６年度貸借対照表

昭和37．3．31現在

（一）資産の部		
現金及び預金		19.309.595
未収金		
未収税金	20,704.832	
税外未収金	90,588,503	
その他の未収金	1.713.000	113,006,335
前払金		38.700
貸出金		
企業会計貸出金	28,900.000	28,900.000
たな卸物品		
備品	144,507.979	
貸付備品	801.710	
消耗品	412.273	145,721,962
出資金		750,000
積立金引当預金		
身体障害者援護基金	4,227.000	
国保準備金	1.989.897	
霊柩車購入積立金	762,553	
市債管理〃	3.732.000	10.711.450
普通財産		
土地	103.267.854	
建物	9.721.401	112,989.255
受託工事仮勘定		
公営分譲住宅	27.204.726	27.204.726
資産の部合計		458,632,023

負債の部（十）		
未払金		74,706,863
負債引当金		27.273.220
前受金		
公営分譲住宅前受金	23,253,439	23,253,439
借入金		
金融機関借入金	17.000.000	17.000.000
長期借入金		5,188,861
預り金		
住宅敷金	910,850	
預り納付金	634,293	
過誤納金	43,579	
預り保証金	8,562,400	
その他預り金	158,530	
未按分市県民税	859.220	11.168.872
公債		153,579.340
（負債の部合計）		312,170,595
基本金の部		
基本金		
繰越剰余金	140,580,656	
当年度不足金	△4,830,678	135,749.978
積立金		
身障援護基金	4,227.000	
国保準備金	1,989.897	
霊柩車購入積立金	762,553	
市債管理〃	3,732,000	10,711,450
（基本金の部合計）		146,461,428
負債・基本金の部合計		458,632,023

脚注

1．支出負担行為　31,766,220.－

2．行政財産年度末残高　979,270,509.－

図表１－15　習志野市の貸借対照表（昭和36年度）

ら除外したということです。これは、売却できない資産だからです。のちに、東京都が"機能するバランスシート"を作成した際と同じ考え方です。

　なお、このほかにも「出納計算書」「期間収支・剰余金処分計算書」「未収税金明細書」「税外未収金明細表」「その他の未収金明細表」「備品現在高表」「貸付備品現在高表」「出資明細表」「積立金引当預金明細表」「普通財産明細表」「未払金明細表」「負債引当金明細表」「金融機関借入分明細表」「長期借入金明細表」「市債明細表」「支出負担行為」「行政財産報告書（土地・建物・その他の施設明細表・道路敷地現在高表）」「下水道現在高表」「建設仮勘定明細表」の書類を作成していたことには驚きです。残念ながら、地方自治法の改正には至らなかったことから、その後習志野市においてこれらの財務諸表や附属明細書が継続して作成されることはありませんでした。

◆ 地方公会計の整備の進展

　発生主義・複式簿記の導入が法制化されなかった経緯を記してきましたが、その後は高度成長の時代の中で、必要な公共工事には予算措置がなされてきたことから、施設の更新費用などのことは自治体において意識されず、自ずと発生主義・複式簿記の必要性も高まりませんでした。

　時代が移り、バブル経済の崩壊により自治体の財政が逼迫する中で、国としても自治体の財政状況の分析の必要性が高まりました。そんな中、平成11年6月に「地方公共団体の総合的な財政分析に関する調査研究会」が設置され、検討を始めました。この研究会の目的は、自治体の財政状況を総合的かつ長期的に把握し、住民に分かりやすく公表するための手法について調査・研究をすることでした。研究会の目的からも、発生主義・複式簿記の法制化までを考えていなかったことは明らかです。

　この研究会が最初に取り組んだのは、「バランスシート」の作成です。貸借対照表ではなくバランスシートという表現が採用されました。次に、「行政コスト計算書」の作成にも取り組みました。この取組状況は現在の公会計改革を理解するうえで知っておくべきことなのかなと思います。筆者からすると、こ

こから15年も公会計改革が混迷する要因でもあったのかと感じています。

　まずバランスシートの作成にあたっては、行政活動の経営資源と、その経営資源を調達するための財源の状況を総括的に表すことができること、つまり他団体比較・時系列比較可能性が重要視されました。しかし一方、小規模な自治体でも比較的に容易にバランスシート作成に取り組むことができることも求められました。作成のポイントとしては、有形固定資産の評価額は、決算統計の普通建設事業費の額を累計することにより算定（取得原価主義）、有形固定資産は行政目的別に表示、土地以外の資産は減価償却費を計上、負債に退職給与引当金を計上、正味財産は、国・県支出金と一般財源等に区分して表示、附属書類により主な施設の状況等を表示、などが挙げられます。

　以上の内容は、あくまで小規模な自治体にも配慮した簡便的なバランスシートといえるでしょう。特に、有形固定資産の資産計上に決算統計（自治体の毎年度の決算状況を統一ルールに基づいてまとめたもの）の普通建設事業をベースにしたという点には、決算統計の数字は複式簿記を前提としていないことや寄附や移管などで受け入れた有形固定資産が含まれないなどの問題がありました。この問題については、統一的な基準においては是正されることになります。

　次に行政コスト計算書ですが、バランスシートが自治体の資産と負債等の状況を明らかにしようとするのに対し、行政コスト計算書は、人的サービスや給付サービスなど、資産形成につながらない行政サービスの提供のために自治体がどのような活動をしたのかについてコスト面から把握しようとするものです。コスト面での分析と行政活動の成果を対比させることにより、行政活動の効率性の検討に資することができます。

　行政コスト計算書の作成のポイントとしては、現金支出に減価償却費、不納欠損額、退職給与引当金といった非現金支出を加えたものを計上する、コスト項目の分類は、行政の分野ごとにその性質別経費の内訳を示すこととし、目的別経費と性質別経費を合わせたマトリックスとする、発生主義の見地からコストや収入をその発生した年度に正しく割り当てられるよう調整するなどが挙げ

られます。

　行政コスト計算書の活用方法としては、経年比較、住民1人当たりの行政コスト計算書を作成する、行政コスト対有形固定資産（純資産額）比率や収入項目対行政コスト比率の把握等が挙げられます。

　しかしながら、決算統計等を基として作成されたバランスシートの資産データから減価償却費などの行政コスト計算書が作成されることから、精緻なデータでないことは明らかでした。

　決算統計については第2章で詳細に説明をしますが、ここでは、その大きな欠点を紹介したいと思います。まず、資産のそのものの情報がない点です。もともと、固定資産台帳が自治体になかったことからも明らかです。次に、事業レベルの細節データがない点です。例えば、「小学校費」などでの事業レベルは把握できますが、それぞれの小学校ごとのデータが集計されていないということがあります。このような欠点がありますが、とりあえず、当時は今ある資料を活用して少しでも発生主義に基づく資産情報が必要だったのです。要するに、新しい公会計制度は、現行の現金主義会計の補完との位置付けであったのです。この考えは、今でも踏襲され、統一的基準でも「補完」という表現が使用されています。このように基礎データが不足していたことは事実です。ただし、データを基に自治体の財務分析をしたいという、その意図は十分に理解できるところです。

　最後に、地方公会計整備における国と地方の取組みを時系列的におさらいしましょう（図表1-16）。

時　期	地　方	国
平成12年3月	「地方公共団体の総合的な財政分析に関する調査研究会」報告書—バランスシートの作成手法	
平成13年3月	「地方公共団体の総合的な財政分析に関する調査研究会」報告書—「行政コスト計算	

	書」と「各地方公共団体全体のバランスシート」	
平成16年6月		「省庁別財務書類の作成基準」（財政制度等審議会）
平成17年12月		「行政改革の重要方針」（平成17年12月24日閣議決定）　地方においても、国と同様に資産・債務改革に積極的に取り組むよう要請
平成18年5月	「新地方公会計制度研究会」報告書　基準モデル及び総務省方式改訂モデルによる財務4表の作成手順の提示	
平成18年6月		「公会計整備の一層の推進に向けて〜中間とりまとめ〜」（財政制度等審議会）「簡素で効率的な政府を実現するための行政改革の推進に関する法律」（平成18年法律第47号）　地方に資産・債務改革を要請、国は企業会計の慣行を参考とした貸借対照表など地方に対して財務書類の整備に関して助言することを規定
平成18年7月	「新地方公会計制度実務研究会」発足　「新地方公会計制度研究会報告書」を踏まえ、実証的検証及び資産評価方法の諸問題について検討	「経済財政運営と構造改革に関する基本方針2006」（平成18年7月7日閣議決定）　国と同様、資産圧縮を進めるなどの資産・債務改革の推進及び国の財務書類に準拠した公会計モデルの導入に向け、計画的に整備を進めるよう要請
平成18年8月	「地方公共団体における行政改革の更なる推進のための指針」（総務事務次官通知）　新地方公会計モデルを活用し	

	た財務書類の整備、資産・債務改革に関する具体的な施策の策定を要請	
平成19年6月	「地方公共団体の財政の健全化に関する法律」（平成19年法律第94号）	「経済財政改革の基本方針2007」（平成19年6月19日閣議決定） 地方公共団体は、地方公社、第三セクターを含む資産・債務改革について、国の取組みを踏まえつつ目標を明確にし、改革を推進すること
平成19年10月	「公会計の整備促進について」（自治財政局長通知） 新地方公会計モデルを活用した財務書類の整備、資産・債務改革に関する具体的な施策の策定を改めて要請するとともに、「財務書類の分かりやすい公表に当たって留意すべき事項」を提示	
平成19年10月	「新地方公会計制度実務研究会」報告書 「新地方公会計制度研究会報告書」で示されたモデルの実証的検証及び資産評価方法等の諸課題について検討したうえで、財務書類の作成や資産評価に関する実務的な指針を公表	
平成20年6月	「地方公会計の整備促進に関するワーキンググループ」発足 「基準モデル」及び「総務省方式改訂モデル」による財務書類の整備が中小規模団体でも円滑に進むよう、作成上の課題に対する解決方策の検討や連結財務書類作成のより詳細な手順などを検討	「経済財政改革の基本方針2008」（平成20年6月27日閣議決定） 「基本方針2006」、「基本方針2007」に沿って資産債務改革等を実行

図表 1 − 16　地方公会計整備における国と地方の取組み（平成12年〜平成20年）

この後、総務省から自治体に実務的な手引き等が下記のとおり提供されました。

・「新地方公会計モデルにおける資産評価実務手引」の提供（平成21年1月）
・「総務省方式改訂モデル向け『作業用ワークシート』」の提供（平成21年2月）
・「新地方公会計モデルにおける連結財務書類作成実務手引」の提供（平成21年4月）
・「地方公共団体における財務書類の活用と公表について」の提供（平成22年3月）

ところで、自治体における公会計改革がなかなか進まなかった要因として、「総務省方式改訂モデル」（以下、「改訂モデル」といいます）の存在があると筆者は考えています。この改訂モデルは、総務省が平成11年6月に設置した「地方公共団体の総合的な財政分析に関する調査研究会」で示された報告書の内容を踏襲しています。この改訂モデルでは決算統計を活用することが認められており、その後ほとんどの自治体が同モデルを採用することになりました。総務省が改訂モデルで統一するのであれば、それはそれで一定の効果があったのだと思います。しかしながら、総務省は「基準モデル」というモデルも示しました。この基準モデルは、固定資産台帳を整備し、複式簿記の導入を前提としたモデルです。公会計改革の目的からすれば、この基準モデルこそがより求められたモデルであったはずです。また、これら以外にも、東京都では、日々仕訳を導入した、より民間の複式簿記会計に近い、「東京都モデル」を作成するようになりました。

こうした状況が続く中で、総務省は、平成22年9月に東京都モデルを含めた「統一的な基準」の作成を目指して「今後の新地方公会計の推進に関する研究会」を設置しました。この研究会は、平成22年9月30日の第1回会議から平成26年3月24日の第26回会議まで実に3年半もかけて、「今後の新地方公会計の推進に関する研究会報告書」（平成26年4月）を完成させました。この報告書により「統一的な基準」がやっと示されたわけです。この報告書の完成のために

「地方公共団体における財務書類の作成基準に関する作業部会」で9回の会議、「地方公共団体における固定資産台帳の整備等に関する作業部会（※筆者も参加）」で6回の会議を行いました。

そして、この報告書を受け、平成26年5月23日に総務大臣から「今後の地方公会計の整備促進について」（総財務第102号）の通知がなされました。大臣通知というのは今までにないことなので総務省の本気度が分かりました。

さらに、統一基準のより詳細なマニュアル作成のために「今後の新地方公会計の推進に関する実務研究会（※筆者も参加）」で7回の検討を重ね、平成27年1月23日に「統一的な基準による地方公会計マニュアル」が公表されました。この公表に併せて、同日付で、総務大臣より各都道府県知事及び各指定都市市長あてに「統一的な基準による地方公会計の整備促進について」（総財務第14号）が通知されました。

この通知の要請は、平成27年度から平成29年度までの3年間で統一的な基準による財務書類等の整備を求めるものでした。この要請期間が終了し、各地方公共団体の平成31年度3月末時点の「統一的な基準による財務書類の整備状況等調査（総務省）によると、固定資産台帳については全団体の81.7％に当たる1,460団体が整備済み、平成29年度決算に係る財務書類については全団体の80.5％に当たる1,440団体が作成済みということから分かるように統一的な基準による地方公会計の整備が進みました。

公会計改革は「財務書類等を作成」するから、「財務書類の等の活用」をどうするかが求められるようになりました。

こうした観点から、平成28年度には「地方公会計の活用のあり方に関する研究会」で活用事例の掘り起こしや、地方公会計の整備促進に関する質疑応答集の充実、地方公会計の整備により得られる指標の検証と団体間比較の方法がとりまとめられました。平成29年度の筆者も参加した「地方公会計の促進に関する研究会」では、適切な固定資産台帳の更新及び財務書類の作成の方法、財務書類等の分析の方法等がとりまとめられました。さらに平成30年度の「地方公会計の推進に関する研究会」では、セグメント別財務書類の作成・分析、財務

書類から得られる各種指標の分析、比較可能な形による財務書類の公表につい
てとりまとめられました。

　その後、研究会での議論や実際に統一的な基準での財務書類等の作成をする
中で疑義等を反映し、令和元年8月には「統一的な基準による地方公会計マ
ニュアル」が改訂されました。本書は、この改訂後のマニュアルに準拠して見
直しを行ったものです。

ざっくりポイント

発生主義・複式簿記の法制化（地方自治法の改正など）に関
する昭和30年代の議論を読むと、法制化のハードルが高い
ことが分かると思います。今回の公会計改革は、法制化で
なく財政分析の調査から始まりました。仮に法制化を目指
したら、まだ、議論中だったかも知れませんね。
法制化はできませんでしたが、「大臣通知」が出されたこ
とから、公会計改革を進めるという総務省の強い意思が伝
わってきます。

第8節　どんな不適切な会計処理の事例があるの？

◆ なぜ不適切な会計処理が行われるのか

　なぜ不適切な会計処理が生まれるのでしょうか？　それはそういう処理が誘発されやすいような環境や状況があるからなのではないでしょうか？　例えば、現金が事務机の上に無造作に置いてある場合と、現金が金庫に保管されている場合を考えてください。事務机の上の現金は、つい出来心で盗むことも容易です。しかし、金庫の中の現金を盗むということは出来心というより計画的な犯罪ということになるでしょう。現金の保管の仕方によってリスクが高まるということです。

　では、複式簿記会計と現金主義会計に違いはあるのでしょうか？　ここで平成22年11月発行の『公会計改革白書』（東京都・大阪府）に掲載されている当時の橋下徹大阪府知事の言葉を紹介します。

　「今の官庁会計は、『単式簿記』、いわば大福帳方式で、

・ストックである基金からの借入れにより、フローである毎年の収支尻を合わせるなど、資本取引と損益取引を区分しない

・2つの年度の取引が併存する出納整理期間の存在

・管理やリスクを踏まえない、杜撰なアセットマネジメント

など、仕組み自体が財務状況を正確に表すものになっていません。『粉飾、赤字隠しを許しうる』欠陥があり、企業会計が常識の民間からは理解しづらい代物です。地域住民によるガバナンス、財務マネジメントには全く役立ちません。大阪府は、『財務状況をフル・オープンに！粉飾を許さない！』をキーワードに新公会計制度を導入し、『府庁改革』を実行します。」

　ここから読み取れるのは、現行の公会計のシステム自体に問題があるとの指摘だと思います。総務省は公会計改革を推し進めるにあたり、現金主義会計については、現金収支を議会の民主的統制下に置くことで、予算の適正・確実な執行を図るという観点から必要であり、さらに、発生主義会計によってストック情報・フロー情報を総体的・一覧的に把握することが可能となり、これによ

り現金主義会計を補完することができるとしています。まさしくそのとおりだと筆者も考えます。また、明治政府が当初複式簿記会計を導入した理由は、現金の適正な管理が目的だったといわれています。確かに、明治維新以前は各藩が独自の通貨を使っていましたし、今まで戦をしていた相手方もいることから、完全に信用していなかったはずです。これらのことから、不適切な会計処理をなくすためには、そのようなことをしにくい環境、状況をつくることが重要であると分かります。

◆　政務活動費の不正使用はどうしたら防げるのか

　自治体議員に対して支給される「政務活動費」の不正使用が社会問題となっています。不正使用はどうして起きるのでしょうか？　どうすれば防げるのでしょうか？　政務活動費が先払いで支給されるために起きる問題である、としばしば指摘されます。確かに、政務活動費を後払いにした方が不正使用の割合が減少するのは確かでしょう。先ほど「現金」が事務机の上にある場合と金庫にある場合のリスクを説明しましたが、政務活動費もある意味同じ状況といえるでしょう。ただ、後払いにしたとしても、領収書の偽造などが行われてしまえば不正使用は防ぐことができない場合もあるというのも事実です。

　政務活動費の不正を防ぐもうひとつの解決方法として、複式簿記での記帳を義務化にすれば、政務活動費の前払い支給を認めてもいいのではないかと筆者は考えています。なぜなら、複式簿記を導入するということは現金の流れを含めた取引を明確にすることにつながるからです。以下、簡単な事例で説明したいと思います。

事例 ✎

① 政務活動費として10万円がA銀行口座に振り込まれました。
② A銀行口座から５万円を現金で払出しをしました。
③ 参考図書２千円を現金で支払いました。
④ 参考図書３千円と政務活動費対象外図書７千円を○○カードで支払いまし

た。

⑤　○○カードの提携B銀行口座に1万円をA銀行口座から振替をしました。

⑥　B銀行口座から1万円が引き落とされました。

　以上の取引の場合、複式簿記による記帳の必要がなければ、③・④の参考図書の2千円と3千円の領収書さえあればいいわけです。しかし、複式簿記の仕訳（複式簿記での記帳方式）で行うとすれば、以下のようになるでしょう。

①　（借方）A銀行口座　10万円　　（貸方）政務活動費収入　10万円

②　（借方）現　金　　　5万円　　（貸方）A銀行口座　　　5万円

③　（借方）図書費　　　2千円　　（貸方）現　金　　　　　2千円

④　（借方）図書費　　　3千円　　（貸方）未払金　　　　　3千円

　　（7千円分は政務活動費以外のため除外）

⑤　（借方）B銀行口座　1万円　　（貸方）A銀行口座　　1万円

⑥　（借方）未払金　　　3千円　　（貸方）B銀行口座　　3千円

　　（7千円分は政務活動費以外のため除外）

　このような仕訳をすると、取引のつど、現金や預金の状況が分かります。お金に色がついているわけでありませんから複式簿記での処理をせずに政務活動費専用の通帳で管理することもなかったとすると、「これは政務活動費に該当する」とその議員が判断すればその領収書とその内容が分かればいいということになります。そうなると、家庭のお金などと混在してしまいますね。自営業などでも商売の場合は複式簿記の記帳をしないと正しい経理ができないことと同じです。

　複式簿記での記帳であれば次のような資産と費用の情報が分かります。

・資産の情報

　現金　50,000円（②）−2,000円（③）＝48,000円（残高）

　A銀行口座　100,000円（①）－50,000円（②）－10,000円（⑤）
　　　　　　＝40,000円（残高）
　B銀行口座　10,000円（⑤）－3,000円（⑥）＝7,000円（残高）
　資産の合計＝95,000円
　（48,000円（現金）＋40,000円（A銀行口座）＋7,000円（B銀行口座））

　これにより、資産の合計は95,000円で、内訳も把握できることが分かります。政務活動費の収入が100,000円ですので、その差額の5,000円が費用ということになります。

・費用の情報
　図書費2,000円＋3,000円＝5,000円

　確かに費用の総額が5,000円となりました。
　しかしながら、これだけの取引でも複式簿記による記帳はかなり煩雑になり、自治体議員が商売をしているわけでないこともあり、複式簿記の義務化は難しいことも分かりますね。

◆　市長交際費の適正な管理に向けて
　政務活動費と同じような性格のものとして、自治体の市長交際費があります。習志野市の場合は毎月の月初めに「資金前渡」として1か月分の交際費を支給し、翌月の5日に使い道の精算をして残金を返納してもらっています。この場合ですと精算が終わるまでの5日間は新たな「資金前渡」のお金と精算前のお金を2重に管理することになります。複式簿記で記帳をしないと、今、現金がいくらあって預金通帳にいくらあるかを帳簿上で確認することができません。そういったこともあり、習志野市では、市長交際費について複式簿記での記帳を秘書課で実際にやってもらったことがあります。
　通常は図表1－17のように交際費の支出内容をホームページで掲載していま

平成26年4月交際費明細

番号	支出日	件　名	種別	支出金額(円)
1	平成26年4月4日	千葉みらい農業協同組合習志野青壮年部通常総会終了後の懇親会	寸志	5,000
2	平成26年4月5日	習志野市消防団第8分団新旧顔合わせ懇親会	会費	5,000
3	平成26年4月5日	習志野八千代猟友会鳥供養	会費	5,000
4	平成26年4月6日	第一空挺団創立56周年・習志野駐屯地創設63周年記念行事	会費	5,000

図表1-17　ホームページに掲載している交際費の支出内容

振替伝票　　　　　　　　　　　　　　　（秘書課）

	課長	係長	担当者

26年　4月　1日　No.　　　　　　2

金　額	借方科目	摘　要	貸方科目	金　額
100,000	○○銀行	○○銀行へ預け入れ	現金	100,000
100,000		合　計		100,000

（証拠書類等）

図表1-18　仕訳伝票の例

す。これは、交際費の内訳を記載しているだけで、現金や預金の変動は分かりません。複式簿記ですと勘定科目を設定することによりその勘定科目の変動が帳簿上で分かります。今回設定した勘定科目は「現金」「○○銀行」「未払金」「純資産」「寸志」「祝金」「会費」「弔慰金」「都市間交流」「見舞金」としました。

現　金　元帳　No.

伝票No	月	日	相手科目	摘要	借　方	貸　方		残　高
				前月より繰越	125,000		借	125,000
1	4	1	純資産	4月分市長交際費	300,000		借	425,000
2	4	1	○○銀行	○○銀行へ預け入れ		100,000	借	325,000
3	4	4	寸志	通常総会終了後の懇親会		5,000	借	320,000
4	4	5	会費	新旧顔合わせ懇親会		5,000	借	315,000

○○銀行　元帳　No.

伝票No	月	日	相手科目	摘要	借　方	貸　方		残　高
				前月より繰越	100,000		借	100,000
2	4	1	現金	○○銀行へ預け入れ	100,000		借	200,000
13	4	15	現金	○○銀行より払い出し（3月分戻入用）		100,000	借	100,000

会　費　元帳　No.

伝票No	月	日	相手科目	摘要	借　方	貸　方		残　高
4	4	5	現金	新旧顔合わせ懇親会	5,000		借	5,000
5	4	5	現金	鳥供養	5,000		借	10,000
6	4	6	現金	記念行事	5,000		借	15,000
11	4	15	現金	新年度交流会	5,000		借	20,000

貸借対照表　B／S
平成26年4月30日

現金	91,630	純資産	191,630
○○銀行	100,000		
	191,630		191,630

損益計算書　P／L
平成26年4月1日～平成26年4月30日

寸志	18,000	純資産が減少	108,370
祝金	35,000		
会費	35,000		
弔慰金	8,000		
都市間交流	2,370		
見舞金	10,000		
	108,370		108,370

図表1－19　元帳等の例

　図表1−18は仕訳伝票（振替伝票）の実例です（現金を○○銀行の預金口座に入金したときのもの）。このように、複式簿記では、費用を伴わない現金の増減も管理することになります。このような管理をしていると、手許現金が1万円しかないのに2万円の支出があった場合は、職員が1万円を立て替えていることも分かってしまいます。

　元帳の一部と貸借対照表と損益計算書も作成が可能です（図表1−19）。このような帳簿を記入するのは簿記の知識がなくても、多少の訓練で可能です。しかしながら実際に記帳するのにはかなりの手間がかかることもあり、業務繁忙の折りには難しいとのことで、習志野市の実証実験は終了した経緯があります。

　複式簿記による記帳には、確かに、現金管理などを含めて不正を防ぐ意味でも有効な面がありますが、費用対効果を考えるとすべてに当てはめるのは難しいかもしれません。なお、習志野市では、市長交際費は秘書課において担当職員・係長・課長が決裁をし、さらにその現金の精算時において会計課でも証拠書類を含めて確認しているということも、複式簿記の導入を見送った理由のひとつです。

◆　千葉県における不適切な会計処理

　政務活動費の不正について前述しましたが、自治体の不適切な会計処理がメディアを賑わせたときがありました。ここで千葉県が平成21年9月9日に公表した「経理問題特別調査結果報告書」を紹介したいと思います。

　この調査によると、千葉県庁の所属（課・室等）の96％において、平成15年度から19年度の5年間で約30億円の不適切な会計処理が組織的に行われていたとのことです。調査の方法としては、需要費の場合は各所属において100万円以上の支出先である事務機器業者（該当がない場合は支出額の最も多い業者）の帳簿を入手し、県の支出伝票等と突合をしました。この手法は手間がかかりますが、確実な方法であると筆者も考えます。通常の会計課での審査は形式的な書類が整っていれば支出を行いますので、通常の流れの中で不適切な会計処理

を発見するのは難しいと感じています。

　会計検査院による「不適正」の区分に準拠した区分は次のとおりです。

区　分	説　明
預け金	事実と異なる内容の関係書類を作成するなどして、契約した物品が納入されていないのに納入したことにして、業者に代金を支払い、後の物品購入の代金等として業者に管理させるなどしていたもの
一括払い	支出負担行為等の正規の会計処理を行わないまま、随時、業者に物品を納入させたうえ、後日、納入された物品とは異なる物品の請求書等を提出させ、これらの物品が納入されたこととして事実と異なる内容の関係書類を作成し、需用費から購入金を一括して支払っていたもの
差替え	業者に事実と異なる請求書等を提出させ、契約した物品とは異なる別の物品に差し替えて納入させていたもの
先払い	契約した物品が納入される前にこれらが納入されたこととし、関係書類に事実と異なる検収日付を記載し、需用費を支出していたもの
翌年度納入	契約した物品が年度内に納入されたこととし、関係書類に事実と異なる検収日付を記載するなどして需用費を支出していたもの
前年度納入	前年度に納品させた物品を当該年度に納品させたこととし、関係書類に虚偽の検収日付を記載するなどして需用費を支出していたもの

　今回の調査における千葉県独自の分類と例示は次のとおりです。

考え方	例　示
「翌年度納入」「前年度納入」「先払い」など支出伝票（消耗品等）の内容と同じ物品であるが、経理処理として不適正なもの	消耗品全般
支出伝票（消耗品等）の内容とは異なる物品として、業務に使用する消耗品等が納入されているもの	消耗品全般

支出伝票（消耗品等）の内容とは異なる物品として、公金としての支出が可能な他の支出科目の物品（備品等）が納入されたもののうち、現物を確認できるもの（複数の者による廃棄又は費消の証言があるものを含む）	業務用パソコン、デジカメなど
支出伝票（消耗品等）の内容とは異なる物品として、公金としての支出が可能な他の支出科目の物品（備品等）が納入されたもののうち、業務に使用したが、現物を確認できないもの	所在不明の業務用ロッカーなど
公金の支出として不適当だが、現物を確認することができ、かつ、職場において使用したもの	将棋盤など
公金の支出として不適当で、消耗品等であり現物を確認することができないが、組織として使用したもの	賞品、飲食物など
その他、私的な流用があったものや、業務や職場における使用・納入が確認できず使途が不明なものなど	私的流用が疑われる金券類など

　職員等の返還金が生じる事態となったことは、管理監督者の責任が重いものとして考えられ、役職に応じた区分によって管理職が負担することになりました。平成15年度以降の退職者についても、現職と同様の区分により返還の協力が求められました。

　このような不適切な会計処理の原因として、職員の意識に問題があったとされました。具体的にはコンプライアンス意識の希薄と、長年の前例踏襲による事務引継ぎが特に指摘されました。そして改善策として、公務員倫理や事務担当者研修の充実・強化をすることが必要であるとされました。

ざっくりポイント

不適切な会計処理の問題には、職員の意識改革が一番であることは疑いの余地はありません。そしてさらに、そのような不正が起こりにくい複式簿記の導入や出納整理期間の見直しなどの環境整備も、将来的には必要ではないかと筆者は思います。

第9節　新公会計制度がなぜ必要になった？

◆　本章のまとめ

　筆者が多くの議員視察を受ける中で、限られた時間の中でスライド1枚にまとめた「新公会計制度がなぜ必要か！」を説明するようにしています（図表1-20）。新公会計に関する情報が氾濫している中で、とりあえず、ここを押さえてくださいという内容になっています。本章の第1節から8節のまとめとしてみていただければと思います。

①夕張市の破綻

　新公会計制度を理解するにあたって、まず最初に押さえておきたいのは夕張市の破綻です。自治体は企業と違って倒産はしませんが、やはりこの「破綻」

図表1-20　スライド1枚で分かる新公会計制度

ということはインパクトがあることだと思います。平成19年3月6日に財政再建団体になりました。

②行政改革推進法

　ただ、夕張市は財政再建団体に指定される以前より、財政状況が危ないということで、国としてもなんとか対策をしないと、と考えられていました。当時の小泉内閣は行政改革のまとめとして、行政改革推進法（正式名称は長いのですが「簡素で効率的な政府を実現するための行政改革の推進に関する法律」といいます）を制定しました。この法律が、新公会計制度を導入するにあたっての法的な根拠になっています。

　この法律の要は「資産・債務」改革です。具体的には第62条第2項に「…企業会計の慣行を参考とした…財務書類の整備…」という規定があります。ここでのポイントは「慣行」という表現です。この「慣行」という言葉を、「複式簿記・発生主義」という言葉に置き換えてみれば、さらに分かりやすくなると思います。そして、もうひとつのポイントは「財務書類の整備」です。民間では「財務諸表」と呼ぶのが一般的ですが、この法律では「財務書類」としています。内容的には同じもので、「財務書類の整備」というのは、「バランスシートなどの財務諸表の整備」ということになります。

③財政健全化法

　ここで、紹介したいのは、平成19年に施行された財政健全化法（正式名称は「地方公共団体の財政の健全化に関する法律」といいます）です。この法律の規定により、財政の健全化判断比率などの書類が地方議会・議員に配布されていることもあり、読者の皆さんはご存知でしょう。健全化判断比率などは主に債務の判断比率であるといえます。そして、この債務の判断比率から判断すれば、夕張市を除くすべての自治体の財政状況は問題がないとされているのが現状です。逆にいえば、多くの自治体が健全とされている状態ともいえます。

　果たしてそうなのでしょうか？　そうではありませんよね。債務の情報だけ

では、財政状況が健全かどうかは分かりません。「債務」に加えて、「資産」の状況もみないと分からないのです。確かに自治体の資産は住民サービスに寄与しています。しかし同時に、「資産」を維持するのにもお金がかかることから、自治体の負担となっていることも事実です。さらにはその資産が老朽化していくために、更新のための費用がかかるでしょう。あなたの自治体では莫大な費用負担ができるのでしょうか？　そんなことを判断するには資産の状況を把握することが何よりも不可欠です。そしてこのために、公会計改革が必要になったのです。

④統一的な基準による地方公会計の整備促進について

　このようなことから、総務省は平成27年１月23日に、各自治体に対して、総務大臣通知を発出しました。総務省は今までも自治体に対して公会計の整備に関する要請をしてきましたが、今回の要請は、「総務大臣通知」であり、「より強い要請」ということになります（これは総務省の課長さんもそのようにお話しをしています）。この通知のポイントは３点です。１点目は「発生主義・複式簿記の導入」です。これは、行政改革推進法での企業会計の慣行と同じことです。２点目は「固定資産台帳の整備」です。これは当たり前のことなのですが、自分の自治体にどんな資産があるのかをまず調査しなければ、資産改革はできないはずです。３点目は「比較可能性の確保」です。これは、今まで複数のモデルが混在していたので、比較ができなかったからです。特に今回の統一モデルは東京都と総務省がお互いに譲歩しながら（妥協の産物とする批判の向きもあるかもしれませんが）、現段階で可能なレベルの統一的な基準で、小さな町も東京都も同じ基準で、今後やりましょうということになりました。

　総務省は、システム費用や公会計の研修費等の交付税措置など財政的な措置を講じ、また、公会計の研修支援をはじめとする人材育成支援にも積極的に支援をしています。これらのことからも、公会計改革に対する総務省の本気度が伺えます。

◆ 地方公会計の意義

　総務省は財務調査課長が自ら「地方公会計の意義」について、各種の研修会にて説明しています。

　筆者は平成28年11月9日に「地方公会計のあり方について」の講義の中で地方公会計の意義の説明を受けました。その内容を紹介したいと思います。

1．地方公会計の目的

　①説明責任の履行

　　住民や議会、外部に対する財務情報の分かりやすい開示

　②財政の効率化・適正化

　　財政運営や政策形成を行ううえでの基礎資料として、資産・債務管理や予算編成、政策評価等に有効に活用

2．具体的な内容（財務書類の整備）

```
┌──────────────┐
│  現金主義会計  │
└──────────────┘
      ↑
   ┌─────┐
   │ 補 完 │
   └─────┘
┌──────────────┐
│  発生主義会計  │
└──────────────┘
```

　　　　　現行の予算・決算制度は、現金収支を議会の民主的統制下におくことで、予算の適正・確実な執行を図るという観点から、現金主義会計を採用

　　　※財政健全化法に基づく早期健全化スキームも整備

　　　　　発生主義により、ストック情報・フロー情報を総体的に・一覧的に把握することにより、現金主義を補完

地方公会計	企業会計
・貸借対照表	・貸借対照表
・行政コスト計算書	・損益計算書
・純資産変動計算書	・株主資本等変動計算書
・資金収支計算書	・キャッシュ・フロー計算書

3．財務書類整備の効果

　①資産・負債（ストック）の総体の一覧的把握

　　　資産形成に関する情報（資産・負債のストック情報）の明示

　②発生主義による正確な行政コストの把握

　　　見えにくいコスト（減価償却費、退職手当引当金などの各種引当金）の明
　　　示

　③公共施設マネジメント等への活用

　　　固定資産帳の整備等により、公共施設マネジメント等への活用が可能

ざっくりポイント

本章のまとめとして、新公会計制度が必要になった理由を
理解してもらえればと思います。新公会計制度は必要な
の？　複式簿記なんて覚える意味があるの？　など、どう
も「腑に落ちない」状況であったのではないでしょうか？
本章の解説を通じて、その辺りの状況が、多少なりとも解
消され、納得してもらえれば幸いです。

第1節　決算の審査

◆ 現行制度の決算は現金主義である官庁会計の決算

　第1章で新公会計制度の必要性を説明しました。つづいて発生主義・複式簿記に基づく決算資料を理解するための説明をしたいところですが、その説明の前に、現金主義の官庁会計決算を理解する必要があります。なぜならば、現行制度の決算は現金主義である官庁会計の決算であり、発生主義の決算は、あくまでも現行制度の補完としての活用が位置付けられているにすぎないからです。本章では、官庁会計の決算についての概要を説明していきたいと思います（以下、本章での「決算」は現金主義である官庁会計の決算を意味することとします）。

　決算は、一会計年度の歳入及び歳出の予算の執行の結果の実績を表示するために調製される計算表です。これは、予算の目的どおり効果的に執行されたかどうかを調査し、その適否を検討するとともに将来の財政計画の重要な資料となるものです。予算が来るべき一会計年度の見積り計算であるのに対し、決算は一会計年度の実績です。

◆ 決算は行政が実施したことの報告

　自治体議員の中には、予算の審議には興味を持つのですが、決算の審査は予算ほど熱心でないという方もしばしばおられます。これは、決算時にはすでに事業などを実施しているため、今さら追及しても…という感じもあるのかも知れません。実は自治体にも同じような感覚を持っている職員がいます。これは、官庁は予算準拠主義といわれているように、予算が重要との意識のあらわれからだと思います。他方、民間企業の場合は、決算が重視されているといわ

れています。それは決算の承認があって、それに基づいて役員報酬や株主の配当金が決定するなど、制度的な違いも大きいでしょう。

　しかしながら、決算は行政が実施したことの報告です。この決算を検討することをしなければ、議員として行政や財政についての批判や評価はできないのではないでしょうか。つまり、「決算」を知ることではじめて、首長の「予算」編成に対する批判や要望なども生まれてくることになると思います。

ざっくりポイント

〜決算が分からなければ予算は分からない〜こうした観点から決算の審査に臨みましょう。

第2節　決算の調製と議会の認定

◆ 地方自治法に規定されている、決算の調製と議会の認定

　ここでは、地方自治法（以下、「法」といいます）の規定から、決算の調製と議会の認定について説明をしたいと思います。まずは、この条文をしっかり理解することが重要だと思いますので、語句の説明や実例等の注釈を付して説明をしたいと思います。

　○地方自治法（昭和22年法律第67号）

　（決算）

　第二百三十三条　会計管理者[1]は、毎会計年度[2]、政令[3]で定めるところにより、決算を調製[4]し、出納の閉鎖[5]後3箇月以内[6]に、証書類その他政令で定める書類[7]と併せて、普通地方公共団体の長に提出しなければならない。

　　2　普通地方公共団体の長は、決算及び前項の書類を監査委員[8]の審査[9]に

1　「普通地方公共団体に会計管理者1人を置く。②会計管理者は、普通地方公共団体の長の補助機関である職員のうちから、普通地方公共団体の長が命ずる。」（法第168条）

2　「普通地方公共団体の会計年度は、毎年4月1日に始まり、翌年3月31日に終わるものとする。」（法第208条）

3　政令は「地方自治法施行令（以下、「施行令」といいます）」を指します。
　　「普通地方公共団体の決算は、歳入歳出予算についてこれを調製しなければならない。」（施行令第166条第1項）

4　「会計管理者は、当該年度の歳入歳出の出納を完了したときは、収入一覧表及び支出一覧表並びに収支日計表の累計額と統括店（※指定金融機関のこと）の公金出納の累計額等を照合精査し、誤りのないことを確認したときは当該帳簿等を締め切らなければならない。」（習志野市財務規則第119条）
　　「決算の調製に当たって、5月31日の出納閉鎖を厳守しないことは違法であることはもちろん、この期間内に会計管理者が決算を調製しない場合においては職務懈怠等の責任を問われることもあり得る。」（昭和26年7月13日行政実例）

5　「普通地方公共団体の出納は、翌年度の5月31日をもつて閉鎖する。」（法第235条の5）

6　「3箇月以内」とは、3箇月の期間の最終日までを指します。すなわち、6月1日から8月31日までの間です。
　　「本条の期限を遅延したことは職務怠慢でありその責を免れない。」（明治33年7月10日行政裁判所判決）

7　「政令で定める書類は、歳入歳出決算事項別明細書、実質収支に関する調書及び財産に関する調書とする。」（施行令第166条第2項）

付さなければならない。

3　普通地方公共団体の長は、前項の規定により監査委員の審査に付した決算を監査委員の意見を付けて 次の通常予算を議する会議[10] までに 議会の認定[11] に付さなければならない。

4　前項の規定による意見の決定は、 監査委員の合議[12] によるものとする。

5　普通地方公共団体の長は、第3項の規定により決算を議会の認定に付するに当たつては、当該決算に係る会計年度における主要な施策の成果を説明する書類その他政令で定める書類を併せて提出しなければならない。

6　普通地方公共団体の長は、第3項の規定により議会の認定に付した決算の要領を 住民に公表[13] しなければならない。

> 7　普通地方公共団体の長は第3項の規定による決算の認定に関する議案が否決された場合において、当該議決を踏まえて必要と認める措置を講じたときは、速やかに、当該措置の内容を議会に報告するとともに、これを公表しなければならない。

※枠線筆者

8　「監査委員は、普通地方公共団体の長が、議会の同意を得て、人格が高潔で、普通地方公共団体の財務管理、事業の経営管理その他行政運営に関し優れた識見を有する者〔略〕及び議員のうちから、これを選任する。〔後略〕」（法第196条）

9　「決算報告の審査は、主として計算に過誤がないか、実際の収支が収支命令に符号するか、収支が違法でないか等の点に注意すべきである。なお、主要施策の成果の報告は、当然には監査委員の決算審査の対象とならない。」（昭和31年9月28日行政実例）

10　「次の通常予算を議する会議」とは、当該決算を調製した次回の通常予算を審議する議会を指します。「決算の議案を通常予算を審議する議会に同時に提出することは、違法ではない。」（昭和29年3月9日行政実例）

11　「議会は決算の認定をしないことができる。認定されなくても決算の効力に影響はない。」（昭和31年2月1日行政実例）

12　監査委員は、他の委員会のような合議制の機関ではなく、各委員が単独で職務を執行することができる独任制の行政機関ですが、監査報告や監査意見を提出するときは、委員の合議により決定します。

13　決算の要領を住民に公表する場合の方法等については明確な規定はなく、基本的に長の判断に委ねられています。

　この第 7 項は、平成29年法律第54号（平成30年 4 月 1 日施行）による地方自治法の改正により追加されたものです。この内容は議員の方に理解していただきたい内容となっています。

　そもそも、議会で決算が不認定になっても、決算の認定の効力に影響がないなら、そもそも「議会の認定は必要なの？」ということになるでしょう。

　改正前においては、決算が議会で不認定になっても、長がそのことを踏まえた対応をしたのかどうか、対応をしたとしたらどのような対応をしたのかということについて、長には説明の責任がありませんでした。

　このことを踏まえ、第31次地方制度調査会の答申が、「議会が決算認定をせず、その理由を示した場合については、〔中略〕長が説明責任を果たす仕組みを設けることとすべき」と指摘したことを受け、また決算審査を通じて議会の監視機能より適切に発揮され、議会と長との関係が活性化することも期待して、本条項が設けられたものです。

　すなわち、決算審査を通じた地方議会の活性化が期待されたということです。

ざっくりポイント

　決算を時系列で押さえると…
① 　会計管理者が 8 月までに決算書類等を長に提出。
② 　長はその書類を監査委員の審査に付す。
③ 　長は監査委員の意見を付して決算の 議会認定 を得る。
④ 　長は決算の概要を住民に公表する。
⑤ 　議会が決算を不認定としたら、長は議会に対して必要な措置をした内容を報告しなければならない。
　議会の決算審査というのは前年度の決算ではありますが、お金の使い方をチェックし、それを 3 月の予算編成に役立てる使命が議員にはあると思います。

第3節　議会に提出すべき決算書類

　長が議会に提出すべき決算書類は法第233条第5項により「当該決算に係る会計年度における主要な施策の成果を説明する書類その他政令で定める書類」と規定されています。

　第1章第7節で官庁会計が複式簿記に移行しなかった理由を説明しました。その理由のひとつとして、財産、物品、金銭の各会計が遊離している点は、予算決算の附属書類として、物の状況を報告すれば足りるとのことでした。これと関連して昭和38年の法改正では、出納長又は収入役（平成18年の改正後は会計管理者）は現金及び財産の記録管理を行う（法第170条第2項第5号）と規定されました。これにより、改正前は長が作成していた「財産表」に相当する書類は、改正後は会計管理者が作成し長に提出した後、長がこれを議会に提出することとされています。すなわち会計管理者は施行令第166条第2項により「歳入歳出決算事項別明細書」、「実質収支に関する調書」のほか、上記財産表に相当する「財産に関する調書」を長に提出しなければなりません。

　また、決算を議会の認定に付する際、長は会計管理者から提出された、施行令の規定に基づく書類に加えて、長が作成する当該決算に係る会計年度における主要な施策の成果を説明する書類を併せて議会に提出しなければなりません。これは、議会における決算審査が数字だけの審査ではなく、事業の成果について検討・審査することを期待したのだともいわれています。この書類は主要な施策の成果が具体的に示されていればよく、その表示方法は自治体の任意とされています。

　ここで、議会に提出すべき決算関係書類を整理すると次のようになります。

・**歳入歳出決算書**　決算は、歳入歳出予算、継続費、債務負担行為などの予算のうち、歳入歳出の「款」・「項」に対する決算であり、議決も「款」・「項」のみが対象になります。また、金額の単位は予算が千円単位なのに対して決算では1円単位となっています。

・**歳入歳出決算事項別明細書**　「款」・「項」の金額の内訳を明らかにし、その説明をしたものです。予算との関連や「節の説明」で行政の執行状況を明らかにしています。

・**実質収支に関する調書**　単年度の黒字額、赤字額を示したものです。

・**財産に関する調書**　決算書では年度末における金銭の収支状況は分かりますが、財産の状況については分かりませんので、それを別に示したものです。土地や建物、山林などの公有財産や物品などの財産の状況が分かります。

・**監査委員の審査・意見書**　監査委員の審査では、財務管理や事業の経営管理を専門的な知識で会計的な数字を基礎にして、法令や規則などに違反していないかなどを検討して、意見書を作成します。議会はそれをもとに、予算が効率よく執行されたのかどうか、その事業の費用対効果はどうだったのか、の観点でみていくことになります。

・**主要な施策の成果を説明する資料**　この資料には法令に基づく様式の書式はありませんので、各自治体により異なっています。この資料は、将来の予算審議に反映させるためのものであり、決算の内容・実態を示した重要な資料となります。習志野市では、この資料を「決算報告書」という形で作成しています。令和元年度習志野市歳入歳出決算報告書の目次を紹介します（図表2−1）。約500頁におよぶ膨大な報告書です。

・**健全化判断比率審査意見書及び資金不足比率審査意見書**　この書類は財政健全化法第3条第1項及び同法第22条第1項の規定により、監査委員が健全化判断比率及び資金不足比率並びにその算定の基礎となる事項を記載した書類を審査した結果の意見書です。財政の早期健全化や再生の必要性を判断するためのものとして、以下の4つの財政指標を「健全化判断比率」として定め

図表 2 － 1　　令和元年度習志野市歳入歳出決算報告書目次

ています。

①実質赤字比率：自治体の最も主要な会計である「一般会計」等に生じている赤字の大きさを、その自治体の財政規模に対する割合で表したものです。

②連結実質赤字比率：公立病院や下水道など公営企業を含む「自治体の全会計」に生じている赤字の大きさを、財政規模に対する割合で表したものです。

③実質公債費比率：自治体の借入金（地方債）の返済額（公債費）の大きさを、その自治体の財政規模に対する割合で表したものです。

④将来負担比率：自治体の借入金（地方債）など現在抱えている負債の大きさを、その自治体の財政規模に対する割合で表したものです。

　上記4つの健全化判断比率に加えて意見書に記載することとされている資金不足比率は、公立病院や下水道などの公営企業の資金不足を、公営企業の事業規模である料金収入の規模と比較して指標化し、経営状態の悪化の度合いを示すものです。公営企業は事業の実施にかかる費用を自身の料金収入によって賄わなければなりませんので（独立採算の原則）、公営企業会計の赤字や借金が大きくなって一般会計に大きな影響を及ぼさないよう、個々の収支（企業の経営状況）を事前にチェックしています。

　これらの書類は議会に提出されるのですが、議会の定例会が開かれるのが、3月、6月、9月、12月が通常です。そうなると、9月か12月の議会で審査ということになると思います。具体的な事務の流れをみてみると、5月31日に出納閉鎖が行われ、会計管理者が決算書や関係書類を作成し、長に提出するのが8月31日までであり、その後、監査委員の審査に付して意見書が出来上がり、決算書類の書類を印刷して議案が議会に提出されるのですが、日程がたてこん

でおり、なかなか9月議会に間に合わせるのは厳しい状況もあります。加えて9月議会には地方公営企業（水道事業）などの決算審査に伴う監査もあるのです。決算書類の文字や数字を関係部局に確認してもらう作業や印刷された内容の校正などを考えると、最終的に議会に提出書類ができるのは10月になってしまう自治体は少なくないのではないでしょうか？　だからといって、12月議会に提案し、翌年3月の予算議会に決算議決するのは、3月の予算編成に決算書類が全く活かされないということになります。

　このため、習志野市では、第3回9月定例会において提案され、閉会中に継続審査の議決を経て、10月中に委員会審査を行います。その後、第4回12月議会にて採択をすることとしています。

ざっくりポイント

決算書類は、歳入歳出決算書、歳入歳出決算事項別明細書、実質収支に関する調書、財産に関する調書、監査委員の審査・意見書、主要な施策の成果を説明する資料等から成り立っています。それぞれの決算書類にどのような性質があるのかを再確認しましょう！

第4節　歳入歳出決算書

◆ 決算の調製の基本となる歳入歳出決算書

　「歳入歳出決算書」は、議会に提出される決算書類の中でも、基本となる書類です。この書類の様式は地方自治法施行規則（以下、「施行規則」といいます）第16条の規定に基づいて、決算調製の様式として定められています

何年度（普通地方公共団体名）歳入歳出決算書

歳入

款	項	予算現額	調定額	収入済額	不納欠損額	収入未済額	予算現額と収入済額との比較
1　何々		円	円	円	円	円	円
	1　何々						
	2　何々						
2　何々		円	円	円	円	円	円
	1　何々						
	2　何々						
歳入合計							

歳出

款	項	予算現額	支出済額	翌年度繰越額	不用額	予算現額と支出済額との比較
1　何々		円	円	円	円	円
	1　何々					
	2　何々					
2　何々		円	円	円	円	
	1　何々					
	2　何々					
歳出合計						

歳入歳出差引残額　　　　　　　　　　円
　うち基金繰入額　　　　　　　　　　円
又は
歳入歳出差引歳入不足額　　　　　　　円
このため翌年度歳入繰上充用金　　　　円

　　　　何年何月何日提出
　　　　　　[何都（道府県）知事]　[何都（道府県）何市（町村）長]
　　　　　　　　　　　　　　　　　　　　氏　　　名

図表2－2　歳入歳出決算書様式

（図表 2 − 2 ）。

　各項目の内容は次のとおりです。

・歳入

語　　句	内　　容
予算現額	当該年度の歳入の執行に係る全事業の基となる予算の総額であり、当初予算に補正予算と前年度からの繰越予算を加減した総額をいいます。
調定額	調定とは、その内容を具体的に調査し、収入すべき金額を決定する行為、つまり自治体の内部的意思決定の行為といい、その決定した金額が調定額となります。
収入済額	当該年度に調定したもののうち、当該年度（出納整理期間を含む）までに納入された金額をいいます。
不納欠損額	すでに調定した金額のうち、督促等を行ったにもかかわらず時効が到来した場合や法令に基づいて債務を免除した場合の金額をいいます。
収入未済額	調定額から収入済額を差し引いた金額をいいます。
予算現額と収入済額との比較	収入済額から予算現額を差し引いた金額をいいます。歳入の場合は、予算現額を超えての調定が可能ですので、収入済額が予算現額を超える場合もあります。

・歳出

語　　句	内　　容
予算現額	当該年度の歳出の執行に係る全事業の基となる予算の総額であり、当初予算に補正予算と前年度からの繰越予算を加減した金額をいいます。
支出済額	当該年度の予算現額のうち、当該年度（出納整理期間を含む）までに支出された金額をいいます。
翌年度繰越額	繰越事業全体の中で当該年度に事業が実施されなかったため、翌年度に実施することとなった分に対する金額をいいます。

不用額	歳出予算の経費の金額のうち、結果として使用する必要がなくなった金額で、当該年度の予算現額から支出済額及び翌年度繰越額を差し引いた金額をいいます。
予算現額と支出済額との比較	予算現額から支出済額を差し引いた金額をいいます。

◆ 予算分類である「款」・「項」

　上記で説明した項目以外に、歳入歳出決算書様式には「款」・「項」という表示があります。これは、款項目節のことで、もともとは旧会計法の予算分類から来ています。「款」は最大の分類で、「項」は「款」の細分類、「目」は「項」の細部類、「節」はさらに「目」の細分類となっています。現行の財政法では、「部」・「款」・「項」・「目」・「節」と細分類されています。この決算書は歳入歳出予算の「款」・「項」に対する決算であり、議決も「款」・「項」のみが対象となります。また、予算書のときの金額の単位は千円単位（歳入予算は千円未満切り捨て、歳出予算は千円単位は切上げ）なのですが、決算は実績でもあることから1円単位になっています。

　決算は予算に対する実績を示すものであり、その書式は施行規則第15条の別記書式中の「歳入歳出予算の款項の区分」により定められていることから、各自治体は決算書にも、この「款」・「項」の区分を使用しています。ただし、都道府県や指定都市など、行政権能の差のあるものについては、当該行政権能の差により必要な款又は項を設けることができることから、必ずしも全国の自治体で統一された「款」・「項」となっていないのが現実です。ここでは、一般的に利用されている市町村の「款」・「項」区分に、「項」の区分の内容を説明したものを追記した形で紹介したいと思います。まず歳入から説明します。

・**歳入**（「款」・「項」分）

①市町村税（地方税）（款）

　地方税は、自治体がその一般の経費に充てるため収入の目的をもって統治権

に基づき一般住民より徴収する課徴金であって、地方税の定めるところにより賦課徴収されます。

　地方税は、自治体の収入の根幹をなすものであって、現行地方税法によれば、特にその使途を特定しないで徴収される普通税と一定の政策目的を達成するために使途を特定して徴収される目的税とがあります（地方税法第4条第1項、第5条第1項）。

項	内　容
市町村民税（普通税）	住民等に行政経費の一部を負担させる税
固定資産税（普通税）	土地、家屋及び償却資産に対して課税される税
軽自動車税（普通税）	軽自動車の所有者に対して課税される税
市町村たばこ税（普通税）	たばこの消費等に課税される税
鉱産税（普通税）	鉱物の掘削の事業に対して課税される税
特別土地保有税（普通税）	投機的な目的で土地の取得等に課税される税
入湯税（目的税）	入湯客の入場行為に対して課税される税
事業所税（目的税）	事業者等の事業に対して課税される税
都市計画税（目的税）	都市計画区域内の土地又は家屋に課税される税
水利地益税（目的税）	水利に関する事業等の費用に充てるために、利益を受ける者に対して課税される税
共同施設税（目的税）	共同作業所、共同倉庫、共同集荷場、汚物処理施設等施設の費用に充てるために、利益を受ける者に対して課税される税
何税	法定外普通（目的）税を徴している場合は、原則として「項」として計上する。 （市町村事例）別荘等所有税、砂利採取税、使用済核燃料税、産業廃棄物埋立税、遊漁税等
旧法による税	地方税の改正等により、現行法は存在しない税について、課税権があり、当該年度において収納される税

　東京都については原則として道府県税に関する規定が準用されます。ただし、東京23区内においては、本来市町村税である固定資産税・特別土地保有税・法人住民税・事業税・都市計画税の税目は都税となります。

②地方譲与税（款）

　地方譲与税は国が国税として徴収し、一定の基準によって市町村に譲与されているものです。

項	内　容
地方揮発油譲与税	地方揮発税の収入額の全額が道路面積などを基準として譲与されます。 平成21年度税制改正（道路特定財源の一般財源化）により、名称が「地方道路譲与税」から「地方揮発油譲与税」に改正されました。
自動車重量譲与税	自動車重量税の収入額に対して令和元年から3年度は1000分の348（当分の間1000分の422）、令和4年から15年度は1000分の357（当分の間1000分の431）に相当する額が道路面積などを基準として譲与されます。
特別とん譲与税	特別とん税の収入額の全額が開港所在市町村に譲与されます。
航空機燃料譲与税	航空機燃料税収入額の13分の2（平成23年から令和3年度の間9分の2）に相当する額が空港関係市町村に譲与されます。
森林環境譲与税	森林環境税収入額の全額に一定額（令和2、3年度は400億円、令和4、5年度500億円）を加算した額が私有林人工林面積などを基準として譲与されます。

③利子割交付金（款）

項	内　容
利子割交付金	都道府県は、納入された利子割額から99％を乗じて得た額の5分の3に相当する額を市町村に交付します。

④配当割交付金（款）

項	内 容
配当割交付金	都道府県は、納入された配当割額から99％を乗じて得た額の5分の3に相当する額を市町村に交付します。

⑤株式等譲渡所得割交付金（款）

項	内 容
株式等譲渡所得割交付金	都道府県は、納入された株式等譲渡所得割額に99％を乗じて得た額の5分の3に相当する額を市町村に交付します。

⑥法人事業税交付金

項	内 容
法人事業税交付金	平成29年度より新設。地方法人特別税・譲与税が廃止され、全額法人事業税となった。 都道府県は、納付された法人事業税の一部に相当する額を市町村に交付します。

⑦地方消費税交付金

項	内 容
地方消費税交付金	都道府県は、都道府県間における精算後の地方消費税収入額の2分の1に相当する額を人口及び従業員数に応じて市町村に交付します。

⑧環境性能割交付金

項	内　容
環境性能割交付金	平成31年度より自動車取得税交付金（過年度分の取扱いで決算に計上される場合があります）が廃止され、環境性能割交付金が新設されました。 都道府県は、納付された自動車税環境性能の納付税額に95％を乗じて得た額の100分の47に相当する額を市町村に交付します。 （参考）自動車取得税交付金・・・都道府県は、納入された自動車取得税から徴収費を控除した残りの10分の7に相当する額を市町村に交付します。

⑨地方特例交付金（款）

項	内　容
地方特例交付金	地方特例交付金等の地方財政の特別措置に関する法律（平成11年法律第17号）により、恒久的な減税に伴う地方税の減税額の一部を補てんするために、将来の税制の抜本的な見直し等が行われるまでの間に交付される交付金です。 具体的には、住宅ローン減税に伴う個人住民税の減収を補てんする特例交付金と令和元年度に創設された幼児教育の無償化に係る地方負担分を措置する臨時交付金や令和元年度及び2年度においては、自動車税の環境性能割及び軽自動車税の環境性能割の臨時的軽減による減収を補填する「自動車税減収補填特例交付金」及び「軽自動車税減収補填特例交付金」などがあります。

⑩地方交付税（款）

項	内　容
地方交付税	所得税、法人税、酒税、消費税の一定割合及び地方法人税の全額とされている地方交付税は、自治体間の財源の不均衡を調整し、どの地域に住む国民にも一定の行政サービスを提供

できるよう財源を保障するためのもので、地方の固有の財源です。

（参考：平成17年2月15日衆議院本会議　小泉総理大臣答弁）
「地方交付税は、国税五税の一定割合が地方団体に法律上当然帰属するという意味において、地方の固有財源であると考えます。」

⑪交通安全対策特別交付金（款）

項	内　　容
交通安全対策特別交付金	自治体が道路交通安全施設の設置及びその管理に要する経費に充てるため創設された財政制度であり、道路交通法第128条第1項の規定により納付される反則金に係る収入見込額から郵送取扱手数料相当額、通告書送付費支出金相当額を控除した金額が交付されます。

⑫分担金及び負担金（款）

項	内　　容
分担金	自治体が特定の事業に要する経費に充てるため、当該事業によって利益を受ける者に対し、その受益を限度として公権力に基づいて賦課徴収する金銭です（法第224条）。 土地改良事業費分担金、防災ダム事業費分担金、農業施設災害復旧事業費分担金、地盤変動対策事業費分担金、大規模老朽ため池事業費分担金など
負担金	分担金と同じ性質を持つものです。施行規則第15条の区分で分担金と負担金を分けて示されていますが、実体としては、両者の区分の実益は見当たらないです。負担金の中には社会福祉施設の利用に対する実費弁償的な性格を有するものも広義の負担金に含まれています。 また、保育料などは負担金とされていますが、使用料であるとの説もあります。

⑬使用料及び手数料（款）

項	内　容
使用料	使用料は、行政財産の目的外使用又は公の施設の使用の対価として、その利益を受ける者から徴収するものです。
手数料	手数料は、住民票や戸籍などの自治体の特定の行政サービスを受ける者から徴収するものです。

⑭国庫支出金（款）

項	内　容
国庫負担金	国庫負担金は、法律又は政令に、負担の割合が定められています。 ※生活保護負担金（国3/4）など
国庫補助金	国庫補助金は、国が自治体の施設又は事業を奨励発展させるために財政上特に必要がある場合に支出されます。 ※社会保障・税番号制度補助金（国10/10）など
委託金	委託金は、法令によって自治体に義務付けられた事務でありますが、本来的に国が実施すべき事務を自治体が実施するのに必要な経費について交付されるものです。 ※自衛官募集事務委託金など

⑮都（道府県）支出金（款）

項	内　容
都（道府県）負担金	都（道府県）負担金は、法律又は政令に、負担の割合が定められています。 ※応急仮設住宅借上費負担金（県10/10）など
都（道府県）補助金	都（道府県）補助金は、都道府県が自治体の施設又は事業を奨励発展させるために財政上特に必要がある場合に支出されます。 ※子ども医療費助成事業補助金（県1/2）など

委託金	委託金は、法令によって自治体に義務付けられた事務でありますが、本来的に都道府県が実施すべき事務を市町村が実施するのに必要な経費について交付されるものです。 ※県民税徴収委託金など

⑯財産収入（款）

項	内　容
財産運用収入	財産貸付収入、利子及び配当金など
財産売払収入	不動産売払収入、物品売払収入、生産物売払収入など

⑰寄附金（款）

項	内　容
寄附金	寄附金収入は民法上の贈与で、金銭の無償譲渡です。使い道が特定されない一般寄附金と使い道を限定した指定寄附金があります。

⑱繰入金（款）

　一般会計、他の特別会計及び基金又は法第294条の規定により財産区を設置した場合の財産区会計の間において、相互に資金運用としての繰入金を計上するものです。

項	内　容
特別会計繰入金	特別会計からの繰入金
基金繰入金	基金会計からの繰入金
財産区繰入金	財産区を設置している場合の財産区からの繰入金

⑲繰越金（款）

項	内　容
繰越金	法第233条の 2 の規定により、各会計年度において決算剰余金が生じたときは、翌年度の歳入に編入しなければなりません。 これを翌年度の歳入として編入する場合、繰越金として受け入れます。ただしこの場合、条例の定めるところにより又は議会の議決により、この全部又は一部を翌年度に繰り越さないで基金に編入することができることとなっているため、この処分をされたものは予算上繰り越されません。 またこの繰越金のうちには施行令第145条第 1 項の継続費の逓次繰越額、同令第146条の繰越明許費のための繰越財源及び同令第150条第 3 項の事故繰越しに係る財源繰越額を含みます。

⑳諸収入（款）

項	内　容
延滞金、加算金及び過料	法に基づき徴収する延滞金、加算金及び過料のほか、他の法令の規定に基づき徴収する延滞金、加算金及び過料などの収入科目でまとめたものです。
市（町村）預金利子	歳計現金及び歳入歳出外現金から生じた利子をいいます。財産（基金）から生ずる利子は財産運用収入（利子収入）となります。
公営企業貸付金元利収入	地方公営企業法第18条の 2 の規定により公営企業に貸し出された貸付金の元利償還金の収入です。
貸付金元利収入	一般会計から自治体以外の者に直接貸し出された貸付金の元利償還金の収入です。
受託事業収入	国庫支出金又は都道府県支出金に属する委託金以外の一般からの委託を受託した場合の事業収入の区分であって、例えば公社、公団等からの受託事業の収入などが該当します。
収益事業収入	自治体に実施が許されている宝くじ事業、競輪事業、競馬事

	業及び競艇事業などの収入です。
雑入	いずれの歳入科目にも該当しない場合の収入科目です。「目」として次のようなものがあります。 滞納処分費（法第231条の3第3項）、弁償金（法第243条の2の2）、違約金及び延納利息（法第234条の2）、小切手未払資金組入れ（施行令第165条の6第2項）、雑入など

㉑地方債（款）

項	内　容
地方債	地方債は財源の不足を補い、もしくは特定の事業に充てる目的で、自治体の信用において資金を借り入れる収入です。

　次に、市町村の「款」・「項」区分につき、歳出の分の説明をします。

・**歳出**（款・項分）

①議会費（款）

項	内　容
議会費	議会に関する経費

②総務費（款）

項	内　容
総務管理費	総務の総括的な管理費 一般管理費、文書広告費、財産管理費、会計管理費、財産管理費、企画費、支所及び出張所費、公平委員会費等
徴税費	税務調査費と賦課徴収費に要する経費等
戸籍住民基本台帳費	戸籍事務及び住民登録事務に要する経費等

選挙費	選挙管理委員会費と選挙啓発費等
統計調査費	統計調査総務費と個別の統計調査に要する経費等
監査委員費	監査委員と事務局に要する経費等

③民生費（款）

項	内　容
社会福祉費	社会福祉総務費、社会福祉施設費等
児童福祉費	児童福祉総務費、児童措置費、母子福祉費、児童福祉施設費等
生活保護費	生活保護総務費、扶助費、生活保護施設費等
災害救助費	災害救助費

④衛生費（款）

項	内　容
保健衛生費	保健衛生総務費、予防費、環境衛生費、診療所費等
清掃費	清掃総務費、塵芥処理費、し尿処理費等

⑤労働費（款）

項	内　容
失業対策費	失業対策総務費、一般失業対策事業費等
労働諸費	労働諸費

⑥農林水産業費（款）

項	内　容
農業費	農業委員会費、農業総務費、農業振興費、畜産業費、農地費等
林業費	林業総務費、林業振興費等
水産業費	水産業総務費、水産業振興費、漁港管理費、漁港建設費等

⑦商工費（款）

項	内　容
商工費	商工総務費、商工業振興費、観光費等

⑧土木費（款）

項	内　容
土木管理費	土木総務費等
道路橋りょう費	道路橋りょう総務費、道路維持費、道路新設改良費、橋りょう維持費、橋りょう新設改良費等
河川費	河川総務費等
港湾費	港湾管理費、港湾建設費等
都市計画費	都市計画総務費、土地区画整理費、街路事業費、公共下水道費、都市下水路費、公園費等
住宅費	住宅管理費、住宅建設費等

⑨消防費（款）

項	内　容
消防費	常備消防費、非常備消防費、消防施設費、水防費等

⑩教育費（款）

項	内　容
教育総務費	教育委員会費、事務局費、恩給及び退職年金費等
小学校費	学校管理費、教育振興費、学校保健費等
中学校費	学校管理費、教育振興費、学校建設費等
高等学校費	高等学校総務費、全日制高等学校管理費、定時制高等学校管理費、教育振興費、学校建設費等
幼稚園費	幼稚園費等
社会教育費	社会教育総務費、公民館費、図書館費等
保健体育費	保健体育総務費、体育施設費等

⑪災害復興費

項	内　容
農林水産施設災害復旧費	何災害復旧費
何施設災害復旧費	何災害復旧費

⑫公債費

項	内　容
公債費	元金、利子、公債諸費

⑬諸支出金

項	内　容
普通財産取得費	何取得費
公営企業貸付金	何公営企業貸付金

⑭予備費

項	内　容
予備費	自治体の予算は、一会計年度間の見積りであり、不測の事態の発生もありうることから、議会を招集して予算の補正をするほどの重要でない場合の支出のために設けられた科目です。

　最後に、参考資料として89-90頁において習志野市の令和元年度の歳入歳出決算書を示します。特別会計については省略しています。習志野市の決算額700億円弱の歳入と歳出がコンパクトにまとめられています。この決算書の数字が歳入歳出の決算の基本となります。ぜひ、議員として、まず自分の自治体の歳入歳出の決算額を把握していただきたいと思います。

ざっくりポイント

「歳入歳出決算書」は決算書類の基礎資料です。概要をざっくり理解したら、それぞれの言葉の意味もしっかり覚えましょう！

（参考資料）

議案第66号

令和元年度　習志野市　一般会計　歳入歳出決算書

一般会計　歳入

（単位：円）

款	項	予算現額	調定額	収入済額	不納欠損額	収入未済額	予算現額と収入済額との比較
1 市税		28,649,836,000	29,880,307,422	28,704,728,751	48,342,688	1,127,235,983	54,892,751
	1 市民税	14,705,164,000	15,542,606,801	14,726,468,877	37,840,974	778,296,950	21,304,877
	2 固定資産税	10,697,889,000	10,951,213,872	10,676,360,035	7,616,920	267,236,917	△ 21,528,965
	3 軽自動車税	137,108,000	150,795,093	134,962,901	970,800	14,861,392	△ 2,145,099
	4 市たばこ税	845,307,000	885,111,482	885,111,482	0	0	39,804,482
	5 都市計画税	2,264,368,000	2,350,580,174	2,281,825,456	1,913,994	66,840,724	17,457,456
2 地方譲与税		270,800,000	279,867,396	279,867,396	0	0	9,067,396
	1 地方揮発油譲与税	78,000,000	69,559,000	69,559,000	0	0	△ 8,441,000
	2 自動車重量譲与税	183,000,000	200,322,000	200,322,000	0	0	17,322,000
	3 特別とん譲与税	3,362,000	3,648,369	3,648,369	0	0	286,369
	4 森林環境譲与税	6,438,000	6,338,000	6,338,000	0	0	△ 100,000
	5 地方道路譲与税	0	27	27	0	0	27
3 利子割交付金		30,000,000	22,621,000	22,621,000	0	0	△ 7,379,000
	1 利子割交付金	30,000,000	22,621,000	22,621,000	0	0	△ 7,379,000
4 配当割交付金		156,000,000	157,842,000	157,842,000	0	0	1,842,000
	1 配当割交付金	156,000,000	157,842,000	157,842,000	0	0	1,842,000
5 株式等譲渡所得割交付金		173,000,000	104,148,000	104,148,000	0	0	△ 68,852,000
	1 株式等譲渡所得割交付金	173,000,000	104,148,000	104,148,000	0	0	△ 68,852,000
6 地方消費税交付金		2,885,000,000	2,841,830,000	2,841,830,000	0	0	△ 43,170,000
	1 地方消費税交付金	2,885,000,000	2,841,830,000	2,841,830,000	0	0	△ 43,170,000
7 自動車取得税交付金		62,000,000	56,879,944	56,879,944	0	0	△ 5,120,056
	1 自動車取得税交付金	62,000,000	56,879,944	56,879,944	0	0	△ 5,120,056
8 環境性能割交付金		20,000,000	16,620,000	16,620,000	0	0	△ 3,380,000
	1 環境性能割交付金	20,000,000	16,620,000	16,620,000	0	0	△ 3,380,000
9 地方特例交付金		372,000,000	496,164,000	496,164,000	0	0	124,164,000
	1 地方特例交付金	152,000,000	163,509,000	163,509,000	0	0	11,509,000
	2 子ども・子育て支援臨時交付金	220,000,000	332,655,000	332,655,000	0	0	112,655,000
10 地方交付税		1,376,606,000	1,468,297,000	1,468,297,000	0	0	91,691,000
	1 地方交付税	1,376,606,000	1,468,297,000	1,468,297,000	0	0	91,691,000
11 交通安全対策特別交付金		16,000,000	16,353,000	16,353,000	0	0	353,000
	1 交通安全対策特別交付金	16,000,000	16,353,000	16,353,000	0	0	353,000
12 分担金及び負担金		1,034,833,968	969,344,960	949,136,850	382,120	19,825,990	△ 85,697,118
	1 負担金	1,034,833,968	969,344,960	949,136,850	382,120	19,825,990	△ 85,697,118
13 使用料及び手数料		1,317,158,000	1,353,076,534	1,315,892,552	0	37,183,982	△ 1,265,448
	1 使用料	598,417,000	657,305,372	620,136,888	0	37,168,484	21,719,888
	2 手数料	718,741,000	695,771,162	695,755,664	0	15,498	△ 22,985,336
14 国庫支出金		9,126,085,000	8,613,921,467	8,613,921,467	0	0	△ 512,163,533
	1 国庫負担金	7,742,821,000	7,555,811,840	7,555,811,840	0	0	△ 187,009,160
	2 国庫補助金	1,346,552,000	1,025,032,009	1,025,032,009	0	0	△ 321,519,991
	3 委託金	36,712,000	33,077,618	33,077,618	0	0	△ 3,634,382
15 県支出金		3,399,754,000	3,235,635,720	3,235,635,720	0	0	△ 164,118,280
	1 県負担金	2,226,952,000	2,182,644,523	2,182,644,523	0	0	△ 44,307,477
	2 県補助金	740,744,000	624,444,361	624,444,361	0	0	△ 116,299,639
	3 委託金	432,058,000	428,546,836	428,546,836	0	0	△ 3,511,164
16 財産収入		5,271,524,000	5,275,667,899	5,275,667,899	0	0	4,143,899
	1 財産運用収入	55,910,000	59,637,365	59,637,365	0	0	3,727,365
	2 財産売払収入	5,215,614,000	5,216,030,534	5,216,030,534	0	0	416,534
17 寄附金		4,637,000	8,530,946	8,530,946	0	0	3,893,946
	1 寄附金	4,637,000	8,530,946	8,530,946	0	0	3,893,946
18 繰入金		3,179,473,000	2,834,018,685	2,834,018,685	0	0	△ 345,454,315
	1 基金繰入金	3,179,473,000	2,834,018,685	2,834,018,685	0	0	△ 345,454,315
19 繰越金		1,314,169,689	1,314,169,958	1,314,169,958	0	0	269
	1 繰越金	1,314,169,689	1,314,169,958	1,314,169,958	0	0	269
20 諸収入		2,096,786,000	2,333,261,716	2,080,723,090	4,645,339	247,893,287	△ 16,062,910
	1 延滞金・加算金及び過料	75,597,000	58,574,077	58,562,577	0	11,500	△ 17,034,423
	2 市預金利子	1,000	3,655	3,655	0	0	2,655
	3 貸付金元利収入	626,895,000	629,600,544	629,342,344	0	258,200	2,447,344
	4 受託事業収入	101,682,000	80,342,849	80,342,849	0	0	△ 21,339,151
	5 収益事業収入	40,000,000	40,000,000	40,000,000	0	0	0
	6 雑入	1,252,611,000	1,524,740,591	1,272,471,665	4,645,339	247,623,587	19,860,665
21 市債		9,104,430,000	6,555,930,000	6,555,930,000	0	0	△ 2,548,500,000
	1 市債	9,104,430,000	6,555,930,000	6,555,930,000	0	0	△ 2,548,500,000
歳入合計		69,860,092,657	67,834,487,647	66,348,978,258	53,370,147	1,432,139,242	△ 3,511,114,399

一般会計 歳出

(単位：円)

款	項	予算現額	支出済額	翌年度繰越額	不用額	予算現額と支出済額との比較
1 議会費		475,683,000	457,846,430	0	17,836,570	17,836,570
	1 議会費	475,683,000	457,846,430	0	17,836,570	17,836,570
2 総務費		9,869,700,000	9,339,495,521	245,246,300	284,958,179	530,204,479
	1 総務管理費	8,335,301,000	7,911,134,588	224,201,500	199,964,912	424,166,412
	2 徴収費	844,058,000	806,116,543	0	37,941,457	37,941,457
	3 戸籍住民基本台帳費	346,461,000	312,810,817	21,044,800	12,605,383	33,650,183
	4 選挙費	257,476,000	228,057,408	0	29,418,592	29,418,592
	5 統計調査費	35,767,000	31,836,732	0	3,930,268	3,930,268
	6 監査委員費	50,637,000	49,539,433	0	1,097,567	1,097,567
3 民生費		24,929,311,846	23,772,622,261	470,647	1,156,218,938	1,156,689,585
	1 社会福祉費	8,663,666,960	8,133,050,855	470,647	530,145,458	530,616,105
	2 児童福祉費	12,170,124,258	11,643,243,134	0	526,881,124	526,881,124
	3 生活保護費	4,058,476,000	3,960,504,650	0	97,971,350	97,971,350
	4 国民年金事務取扱費	37,044,628	35,823,622	0	1,221,006	1,221,006
4 衛生費		5,077,705,851	4,889,564,750	9,350,790	178,790,311	188,141,101
	1 保健衛生費	2,044,500,591	1,945,922,339	0	98,578,252	98,578,252
	2 清掃費	3,030,894,260	2,941,416,411	9,350,790	80,127,059	89,477,849
	3 上水道費	2,311,000	2,226,000	0	85,000	85,000
5 労働費		18,182,000	16,295,780	0	1,886,220	1,886,220
	1 労働諸費	18,182,000	16,295,780	0	1,886,220	1,886,220
6 農林水産業費		131,192,000	73,948,728	7,631,000	49,612,272	57,243,272
	1 農業費	131,192,000	73,948,728	7,631,000	49,612,272	57,243,272
7 商工費		1,059,679,000	921,617,224	0	138,061,776	138,061,776
	1 商工費	1,059,679,000	921,617,224	0	138,061,776	138,061,776
8 土木費		4,842,374,544	4,393,889,166	247,602,500	200,882,878	448,485,378
	1 土木管理費	643,293,740	591,331,324	38,000,000	13,962,416	51,962,416
	2 道路橋りょう費	632,714,364	409,688,623	167,756,500	55,269,241	223,025,741
	3 都市計画費	3,279,385,440	3,167,282,989	0	112,102,451	112,102,451
	4 住宅費	286,981,000	225,586,230	41,846,000	19,548,770	61,394,770
9 消防費		2,527,435,690	2,436,414,328	32,789,450	58,231,912	91,021,362
	1 消防費	2,527,435,690	2,436,414,328	32,789,450	58,231,912	91,021,362
10 教育費		11,229,554,584	8,537,298,119	2,250,796,860	441,459,605	2,692,256,465
	1 教育総務費	765,634,000	722,962,201	0	42,671,799	42,671,799
	2 小学校費	5,034,318,200	2,812,707,798	2,047,233,860	174,376,542	2,221,610,402
	3 中学校費	696,672,000	572,638,356	90,470,000	33,563,644	124,033,644
	4 高等学校費	874,645,000	857,781,692	0	16,863,308	16,863,308
	5 幼稚園費	299,980,000	280,294,016	0	19,685,984	19,685,984
	6 社会教育費	1,281,887,384	1,239,181,118	455,000	42,251,266	42,706,266
	7 保健体育費	2,276,418,000	2,051,732,938	112,638,000	112,047,062	224,685,062
11 公債費		4,729,098,000	4,718,639,577	0	10,458,423	10,458,423
	1 公債費	4,729,098,000	4,718,639,577	0	10,458,423	10,458,423
12 諸支出金		4,925,297,157	4,921,032,972	0	4,264,185	4,264,185
	1 基金費	4,925,297,157	4,921,032,972	0	4,264,185	4,264,185
13 予備費		44,878,985	0	0	44,878,985	44,878,985
	1 予備費	44,878,985	0	0	44,878,985	44,878,985
歳出合計		69,860,092,657	64,478,664,856	2,793,887,547	2,587,540,254	5,381,427,801

歳入歳出差引残額　　　　1,870,313,402 円　　　　令和2年9月18日提出

うち基金繰入額　　　　　900,000,000 円　　　　習志野市長　宮本　泰介

第5節　歳入歳出決算事項別明細書

　「歳入歳出決算事項別明細書」は、歳入歳出決算書の「款」・「項」の計数の基礎を明らかにし、その説明をしたものです。予算との関連や「節の説明」で行政の執行状況を明確にしています。

　その書式は、施行規則第16条の2の規定に基づき歳入歳出決算事項別明細書の様式として定められていますので（図表2−3）、その必要項目を紹介します。

　この明細書は予算現額の内訳ということになります。備考欄は自治体の任意とされている項目です。ここで、習志野市での歳入の決算書（89頁）からどのような明細書なのかを3つの事例で紹介をしたいと思います。

何年度（普通地方公共団体名）歳入歳出決算事項別明細書

歳入

款	項	目	予算現額					調定額	収入済額	不納欠損額	収入未済額	備考
			当初予算額	補正予算額	継続費及び繰越事業費繰越財源充当額	計	節					
							区分	金額					
1 何々			円	円	円	円		円	円	円	円	円	
	1 何々												
		1 何々											
						何々							
2 何々			円	円	円	円		円	円	円	円	円	
	1 何々												
		1 何々											
						何々							
歳入合計													

図表2−3　歳入歳出決算事項別明細書の様式

事例

①予算現額の内訳事例

　「14款国庫支出金　1項国庫負担金」の例で説明します。習志野市の決算書では図表2−4のように7,742,821,000円の予算現額の表示しかありません。この予算現額は最終的なもので、当初の予算額から増減があっても分からないことになります。

一般会計　歳入
(単位：円)

款	項	予算現額	調定額	収入済額	不納欠損額	収入未済額	予算現額と収入済額との比較
14 国庫支出金	1 国庫負担金	7,742,821,000	7,555,811,840	7,555,811,840	0	0	△187,009,160

図表2－4　習志野市歳入決算書（国庫負担金）

図表2－5は、「1項国庫負担金」の歳入の事項別明細書の予算現額の部分です。

(単位：円)

予算現額				備考
当初予算額	補正予算額	継続費及び繰越事業費繰越財源充当額	計	
7,592,380,000	107,641,000	42,800,000	7,742,821,000	<<前年度からの繰越内容・金額>>谷津小学校校舎改築事業負担金【教育総務課】　42,800,000

図表2－5　習志野市歳入事項別明細書（国庫負担金）

この事例では、当初予算額（7,592,380,000円）から補正予算額（107,641,000円）での増額分があり、継続費及び繰越事業費繰越財源充当額（42,800,000円）を加えて、予算現額の7,742,821,000円となります。このように、事項別明細書を確認することで当初の予算額からの増減を把握することができます。習志野市では備考欄に前年度からの繰越内容と金額を掲載しています。

②「目」と「節」の追加による内訳事例

「12款分担金及び負担金　1項負担金」の例で説明します（図表2－6）。

一般会計　歳入
(単位：円)

款	項	予算現額	調定額	収入済額	不納欠損額	収入未済額	予算現額と収入済額との比較
12 分担金及び負担金	1 負担金	1,034,833,968	969,344,960	949,136,850	382,120	19,825,990	△ 85,697,118

図表2－6　習志野市歳入決算書（負担金）

1項の負担金の予算現額は1,034,833,968円です。この内訳である「目」の項目の予算現額は図表2－7のとおりとなります。

（単位：円）

目	予　算　現　額			
	当初予算額	補正予算額	継続費及び 繰越事業費 繰越財源充当額	計
1 民生費負担金	923,240,000	0	0	923,240,000
2 土木費負担金	79,005,000	0	26,483,968	105,488,968
3 消防費負担金	3,674,000	0	0	3,674,000
4 教育費負担金	2,431,000	0	0	2,431,000

負担金合計額	1,034,833,968

図表２－７　習志野市歳入事項別明細書（負担金）

「目」の内訳は「節」となります。ここで「２目土木費負担金」を例にとりたいと思います（図表２－８）。

（単位：円）

目	予　算　現　額				節	
	当初予算額	補正予算額	継続費及び 繰越事業費 繰越財源充当額	計	区分	金額
2 土木費負担金	79,005,000	0	26,483,968	105,488,968	1 駅前広場管理 等負担金	4,514,000
					2 自転車駐車場 維持管理負担金	1,000
					3 建設工事負担金	100,973,968
					4 電柱移設費 負担金	0

図表２－８　習志野市歳入事項別明細書（土木費負担金予算現額）

土木費負担金の節の内訳には図表２－９のように、「駅前広場管理等負担金」「自転車駐車場維持管理負担金」「建設工事負担金」「電柱移設費負担金」があります。土木費負担金それぞれの節ごとに「調定額」「収入済額」「不納欠損額」「収入未済額」を記載しています。

（単位：円）

	予算現額		調定額	収入済額	不納欠損額	収入未済額
	節					
	区分	金額				
2 土木費負担金	1 駅前広場管理等負担金	4,514,000	4,309,214	4,309,214	0	0
	2 自転車駐車場維持管理負担金	1,000	0	0	0	0
	3 建設工事負担金	100,973,968	26,483,968	26,483,968	0	0
	4 電柱移設費負担金	0	24,850	24,850	0	0

図表2-9　習志野市歳入事項別明細書（土木費負担金節内訳）

③備考欄の説明事例

　歳入歳出決算書の「1款市税　3項軽自動車税」は次のとおりです（図表2-10）。

一般会計 歳入

（単位：円）

款	項	予算現額	調定額	収入済額	不納欠損額	収入未済額	予算現額と収入済額との比較
1 市税	3 軽自動車税	137,108,000	150,795,093	134,962,901	970,800	14,861,392	△ 2,145,099

図表2-10　習志野市歳入決算書（軽自動車税）

　3項の軽自動車税の「目」は軽自動車税で「項」と同様です。ここでの「節」は「現年課税分」と「滞納繰越分」に区分されています（図表2-11）。備考欄の内容は自治体の任意であるため、それぞれの自治体が工夫をしています。習志野市では次のとおりの表示になっています。この表示は、議員から収納率を教えてほしいとの要望により、見直しをしたものです。

（単位：円）

予算現額				節		備考
当初予算額	補正予算額	継続費及び繰越事業費繰越財源充当額	計	区分	金額	
137,108,000	0	0	137,108,000	1 現年課税分	134,404,000	1．現年課税分【税制課】　131,517,700 （収入済額のうち還付未済額）　34,900円 課税代数　23,638台 収納率　96.75%
				2 滞納繰越分	2,704,000	1．滞納繰越分【税制課】　2,336,301 収納率　16.99%

図表2-11　習志野市歳入事項別明細書（軽自動車税備考欄）

ざっくりポイント

「歳入歳出決算事項別明細書」は、「歳入歳出決算書」の数字的な内訳を示したものです。「興味がある！」「疑問がある！」などの項目について、政策づくりや一般質問などに積極的に活用しましょう！

第6節　官庁会計の分析は「決算カード」で！

◆ 会計分析には決算カードの活用を

　官庁会計の財政分析をするのにあたり、議会に提出される決算書類を読み込むことが必要ですが、かなりのボリュームがあり、どこから手をつけていいのか分からない新人の議員さんもいるかと思います。

　そこで、自分の自治体の全体像を把握するのに「決算カード」を利用する方法をまずお勧めしたいと思います。決算カードは、自治体ごとに、普通会計に基づいた決算の状況について、1枚のカードにとりまとめたものです。普通会計とは、毎年度総務省が全国の自治体の財政状況を一律に比較するために調査するものです。この数値をもって全国の自治体の財政状況を比較することができるのです。

　この決算カードは、各自治体のホームページや情報公開コーナーなどでも収集できますが、総務省のホームページには全国の自治体の決算カードが掲載されており（https://www.soumu.go.jp/iken/zaisei/card.html）、平成13年度分からダウンロードができます。他自治体との比較や経年比較を検討するのに便利なものです。この決算カードは総務省方式決算カードとも呼ばれ、北海道から沖縄まで全部同じスタイルです。これとは別に、各自治体で入手できる決算カードは、都道府県や市町村によって違いがあります。特に東京都内市町村は一部独自の項目があります。

◆ 総務省方式の決算カードの見方とポイント

　ここからは、総務省方式の決算カードについての見方とポイントを説明していきたいと思います。なお、データは平成30年度の習志野市のものを事例とします。

①自治体の人口
　まず、重要な基礎情報である自治体の人口を押さえましょう。決算カード中

人口	27年国調	167,909人	住民基本台帳人口		うち日本人
	22年国調	164,530人			
	増減率	2.1%	31.1.1	173,205人	169,153人
面　積		20.97km²	30.1.1	172,632人	168,940人
人　口　密　度		8,007人	増減率	0.3%	0.1%

図表2－12　決算カードの「人口」（習志野市）

には人口、面積の内容が含まれています（図表2-12）。財政分析をするにあたり、住民1人当たりの財政分析が不可欠であることから特に重要なデータとなります。

　住民基本台帳人口については、住民基本台帳会計年報の調査基準日変更に伴い、平成25年以降、調査年度の1月1日現在の住民基本台帳に登載されている人口が決算カードには記載されています。

②収支状況

　つぎに、自分の自治体が、そもそも赤字団体なのか、それとも黒字団体なのかを押さえましょう。決算カードの収支状況（赤字か黒字を判断するもの）を確認します（図表2-13）。収支状況は、自治体の赤字か黒字をみる指標です。

　以下、収支状況を理解するのに必要な用語の解説をします。

	区分	平成30年度（千円）	平成29年度（千円）
収支状況	歳　入　総　額	61,215,026	59,041,115
	歳　出　総　額	58,800,856	56,665,812
	歳　入　歳　出　差　引	2,414,170	2,375,303
	翌年度に繰越すべき財源	245,858	56,461
	実　質　収　支	2,168,312	2,318,842
	単　年　度　収　支	-150,530	103,546
	積　立　金	702	2,439
	繰　上　償　還　金	－	－
	積　立　金　取　崩　し　額	1,700,000	1,700,000
	実　質　単　年　度　収　支	-1,849,828	-1,594,015

図表2－13　決算カードの「収支状況」（習志野市）

・**形式収支**　「歳入決算総額」から「歳出決算総額」を差し引いた「歳入歳出差引額」のことです。この形式収支は次年度の繰越金や貯金にあたる財政調整基金となります。

・**実質収支**　当該年度に属すべき収入と支出との実質的な差額をみるもので、形式収支から、翌年度に繰り越すべき財源を除いた額です。通常、自治体の黒字・赤字はこの実質収支により判断されます。

・**単年度収支**　実質収支は前年度以前からの収支の累積であるので、その影響を控除した単年度収支のことです。具体的には、当該年度における実質収支から前年度の実質収支を差し引いた額となります。意味合い的には、この1年でどれだけ黒字（赤字）が増えたのかをみます。

・**実質単年度収支**　しかし、単年度収支だけでは分からない部分があります。黒字にするために貯金である財政調整基金を取り崩すこともあるでしょう。また、その逆で貯金である財政調整基金を積み増したり、借金を早めに返す繰り上げ償還をする場合もあります。このようなことを考慮したのが実質単年度収支です。発生主義会計では、資産の増加や負債の減少を併せてみることができるのですが、現金主義の会計で判断する限界をなんとかカバーするための指標だと思います。

　具体的な計算式は「単年度収支」+「積立金」+「繰上償還金」－「積立金取崩額」です。積立金（資産の増加）や繰上償還（負債の減少）は決算収支から考えると黒字の要素となります。一方、積立金の取崩し（資産の減少）は赤字の要素になります。

　このように実質単年度収支をみることで、積立金を取り崩して何とか黒字にしたのか、黒字が少ないようでも借金を早めに返済をしたのか、将来のために積立金をしたのかが分かります。

③収入（歳入）を把握

　自治体の収入（歳入）も決算カードから把握することができます。歳入とは、自治体財政の「収入」です。自治体の歳入の構成や内容につき、財源（収入の源泉）の調達先が国や都道府県からの収入や借金からなるのか、あるいは自治体が独自に調達できる財源なのかを把握することは、財政運営を行ううえで重要なことになります。

　ここで重要な5つの財源を「地方税」「地方交付税」「国庫支出金」「都道府県支出金」「地方債」とします（図表2-14）。この5つの財源は、習志野市では全体の8割以上を占めますので、この5つをみることで全体のイメージがつかめます。区分として、「一般財源」か「特定財源」、「自主財源」か「依存財源」なのかで分けます。この財源の違いは財源の使い道が決まっているかどうかです。使い道が自由なものが「一般財源」で、財源の使途は決まっているも

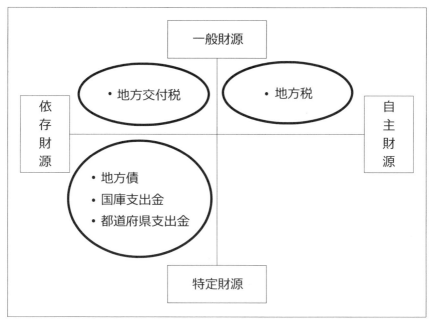

図表2-14　地方自治体の5つの財源

歳　入　の　状　況			（単位：千円・%）	
区　　分	決　算　額	構成比	経常一般財源等	構成比
地　　　　　方　　　　　税	28,669,962	46.8	26,459,557	83.6
地　方　譲　与　税	270,810	0.4	270,810	0.9
利　子　割　交　付　金	41,975	0.1	41,975	0.1
配　当　割　交　付　金	137,990	0.2	137,990	0.4
株式等譲渡所得割交付金	127,507	0.2	127,507	0.4
分離課税所得割交付金	－	－	－	－
道府県民税所得割臨時交付金	－	－	－	－
地方消費税交付金	2,921,904	4.8	2,921,904	9.2
ゴルフ場利用税交付金	－	－	－	－
特別地方消費税交付金	－	－	－	－
自動車取得税交付金	96,881	0.2	96,881	0.3
軽油引取税交付金	－	－	－	－
地　方　特　例　交　付　金	148,107	0.2	148,107	0.5
地　　方　　交　　付　　税	1,441,737	2.4	1,298,295	4.1
内　訳　普通交付税	1,298,295	2.1	1,298,295	4.1
特別交付税	126,645	0.2	－	－
震災復興特別交付税	16,797	0.0	－	－
（　一　般　財　源　計　）	33,856,873	55.3	31,503,026	99.5
交通安全対策特別交付金	16,449	0.0	16,449	0.1
分　担　金　・　負　担　金	240,443	0.4	－	－
使　　　用　　　料	1,508,875	2.5	92,362	0.3
手　　　数　　　料	718,460	1.2	－	－
国　　庫　　支　　出　　金	8,253,818	13.5	－	－
国　有　提　供　交　付　金	－	－	－	－
（　特　別　区　財　調　交　付　金　）				
都　道　府　県　支　出　金	3,217,453	5.3	－	－
財　　　産　　　収　　　入	85,242	0.1	33,789	0.1
寄　　　附　　　金	18,184	0.0	－	－
繰　　　入　　　金	3,004,437	4.9	－	－
繰　　　越　　　金	1,175,303	1.9	－	－
諸　　　収　　　入	2,063,283	3.4	1	0.0
地　　　　　方　　　　　債	7,056,206	11.5	－	－
うち減収補填債（特例分）	－	－	－	－
うち臨時財政対策債	1,537,006	2.5	－	－
歳　　　入　　　合　　　計	61,215,026	100.0	31,645,627	100.0

図表2－15　決算カードの「歳入の状況」（習志野市）

のが「特定財源」ということになります。特定財源はひも付き財源と呼ばれています。例えば、国庫支出金には国の補助基準による施設の建設や生活保護費などの事業費の一定割合の負担金などが該当します。

　もうひとつの区分が「自主財源」と「依存財源」の分け方になります。自治体独自で集めるのか、国や都道府県などから調達するかが違いです。自主財源の主なものが地方税です。依存財源の主なものは、地方交付税、国庫支出金、都道府県支出金、地方債になります。

　歳入には「一般財源」と「特定財源」という分け方があることを説明しました。この分け方に加えて、一般財源は「経常」と「臨時」に分かれます。決算カードの「歳入の状況」の表の「構成比」の右隣に「経常一般財源等」という欄があります（図表2−15）。決算額と併せて欄を設けていることから分かるように、経常一般財源等がどれくらいあるかを把握することは、行財政運営を適切に進めるうえで大事な視点です。ここでいう、臨時的なものというのは、家計でいうと親からの援助や家を売った際の収入のようなものです。自治体では財産収入、都市計画税、特別地方交付税等がこれに該当します。

　自治体を運営するのに必要な経費に対して、自前の収入（税収など）がどれくらいあるかを示す数値を財政力指数といいます。この財政力指数の上位及び下位をみても分かるように（図表2−16）、5つの財源と指数を把握するだけで、その自治体の歳入全体の80％程度の状況が分かります。また、その中で、地方税がどのくらいの比率なのかが重要です。なぜなら地方税は自主財源であり、かつ一般財源ですので、この比率が高いほど財政の健全化が高いというこ

（単位：%）

	習志野市	上位1 浦安市	上位2 成田市	上位3 袖ヶ浦市	上位4 市川市	上位5 市原市	下位5 旭市	下位4 匝瑳市	下位3 勝浦市	下位2 いすみ市	下位1 南房総市
財政力指数	0.94	1.52	1.30	1.11	1.07	1.03	0.49	0.48	0.47	0.43	0.32
地方税	46.8	43.6	52.7	56.8	58.0	54.4	23.7	26.7	22.8	21.0	15.7
地方交付税	2.4	0.4	2.2	0.2	0.1	0.0	27.7	31.5	26.2	32.7	38.5
国庫支出金	13.5	8.5	10.0	12.2	17.3	17.0	8.4	11.1	7.9	10.7	8.8
都道府県支出金	5.3	2.9	4.2	6.2	6.1	6.3	8.4	6.5	4.8	5.5	4.9
地方債	11.5	6.8	6.3	3.8	2.4	2.9	15.0	7.3	7.8	9.8	16.6
計	79.5	62.2	75.4	79.2	83.9	80.6	83.2	83.1	69.5	79.7	84.5

※　平成30年度地方公共団体の主要財政指標一覧（総務省）千葉県内の「市」の財政力指数ランキングの上位5市及び下位5市
※　財政力指数···財政の豊かさを表す指数。1に近いほど財政に余裕があるとされる。

図表2−16　5つの財源と財政力指数に関する自治体間比較（千葉県内）

とになります。

④地方交付税の仕組みを理解しよう！

　地方税の収入の割合の低い自治体は、地方交付税の占める割合が大きくなります。過疎地域などは、地方税収入だけで行政サービスを行うことが難しい状況です。そこで、日本全国、どの地域でも一定の行政サービスを提供できるよう財源を保障するために、地方交付税制度があります。この地方交付税の役割としては、自治体間の過不足を調整する「財源調整機能」と国家（政府）が国民に対して生活の最低限度を保障する「財政保障機能」の2つがあります。この制度により、財政健全度の低い自治体すなわち、地方税が少ない自治体も地方交付税が加わることで、歳入総額の一般財源の格差が一定程度に縮小されることになります。

　地方交付税の原資は、国税である所得税、法人税、酒税、消費税（たばこ税は平成27年度より対象外）の一定割合とされています。国税から地方に配分さ

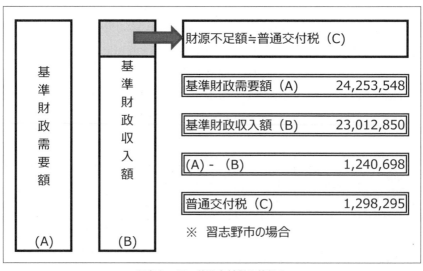

図表2－17　普通交付税の仕組み

れるお金で自治体自らの裁量で自由に使える一般財源ということです。考え方としては、本来地方の税収入とすべきものを、自治体間の財源の不均衡を調整し、すべての自治体が一定の水準を維持しうるよう財源を保障する性格から、「国が地方に代わって徴収する地方税」ともいわれています。

　なお、地方交付税には、普通交付税と特別の事情（災害など）に応じて交付する特別交付税があります。ここでは普通交付税の仕組みの概要を説明しましょう（図表2-17）。

　「基準財政需要額」とは、普通交付税の算定に用いるもので、自治体において合理的かつ妥当な水準で行政を運営した場合にかかる経費を、人口や面積等の測定単位を基にして一定の方法で算定した額です。「基準財政収入額」とは、自治体において標準的に見込まれる税収などを一定の方法で算定した額です。「基準財政需要額」から「基準財政収入額」を引いた分が、財源不足額となり、それが普通交付税として交付されるものです。

⑤どこにお金を使っているのかをみてみよう！

　歳出（支出）の内容をみるのに、決算カードでは2通りの見方があります。「目的別歳出」と「性質別歳出」です。「目的別歳出」は「行政分野別」に分けてあり、「性質別歳出」は「人件費」や「積立金」といった経費の面から分けているものです。

　習志野市の決算カードの例を紹介します。

　以下、「目的別歳出の状況」を理解するのに必要な用語の解説をします（図表2-18）。

・**普通建設事業費**　「目的別歳出の状況」では構成比の右に「決算額のうち普通建設事業費」という項目があります。この普通建設事業費は道路や公園、学校の建設や改修工事、用地の購入費などの投資的経費をいいます。また、「性質別歳出の状況」の投資的経費の内訳の普通建設事業費の額と一致するものです。

目 的 別 歳 出 の 状 況			（単位：千円・%）	
区　　　分	決算額(A)	構成比	(A)のうち 普通建設事業費	(A)の 充当一般財源等
議　　会　　費	462,222	0.8	−	461,970
総　　務　　費	6,634,822	11.3	1,241,752	4,905,152
民　　生　　費	23,458,900	39.9	1,450,769	11,817,036
衛　　生　　費	4,754,110	8.1	839,248	3,253,036
労　　働　　費	40,844	0.1	−	31,924
農 林 水 産 業 費	81,508	0.1	3,228	74,984
商　　工　　費	841,325	1.4	−	227,427
土　　木　　費	5,034,653	8.6	1,554,876	3,924,667
消　　防　　費	2,572,561	4.4	563,797	2,034,504
教　　育　　費	10,580,505	18.0	4,419,106	5,530,488
災 害 復 旧 費	−	−	−	−
公　　債　　費	4,339,406	7.4	−	4,324,397
諸　支　出　金	−	−	−	−
前年度繰上充用金	−	−	−	−
歳　出　合　計	58,800,856	100.0	10,072,776	36,585,585

図表 2 −18　決算カードの「目的別歳出の状況」（習志野市）

・**充当一般財源等**　「目的別歳出の状況」では普通建設事業費の右に「決算額の充当一般財源等」という項目があります。一般財源とは使い道が特定されず、自治体の裁量で使える財源で、具体的には地方税や普通地方交付税などです。この目的別歳出の科目ごとに「一般財源等」がどれだけ配分されているのかを示しています。

次に、「性質別歳出」について説明をします（図表2−19）。

性質別歳出はさらに「経常的経費」と「投資的経費」に分けられます。「経常的経費」は、毎年経常的に支出される経費であるのに対し、「投資的経費」は道路や公共施設等の整備に伴う経費です。

さらに経常的経費は「義務的経費」と「その他の経費」に分けられます。

決算カードの「性質別歳出」のうち、上段の「人件費」「扶助費」「公債費」

性 質 別 歳 出 の 状 況 (単位千円・%)					
区　　　　分	決算額	構成比	充当一般財源等	経常経費充当一般財源等	経常収支比率
人　　件　　費	11,363,364	19.3	10,017,599	9,915,367	23.9
うち職員給	8,279,853	14.1	6,955,756	—	
扶　　助　　費	12,621,640	21.5	4,039,948	4,035,169	12.2
公　　債　　費	4,336,208	7.4	4,321,199	4,321,199	13.0
内　元利償還金元金	4,087,506	7.0	4,075,216	4,075,216	12.3
元利償還金利子	248,572	0.4	245,853	245,853	0.7
訳　一時借入金利子	130	0.0	130	130	0.0
（義務的経費計）	28,321,212	48.2	18,378,746	18,271,735	55.1
物　　件　　費	11,001,786	18.7	8,688,982	7,892,134	23.8
維　持　補　修　費	92,454	0.2	81,032	81,032	0.2
補　助　費　等	2,171,577	3.7	1,717,841	1,201,679	3.6
うち一部事務組合負担金	308,016	0.5	104,237	85,911	0.3
繰　　出　　金	5,487,093	9.3	4,901,140	4,499,178	13.6
積　　立　　金	1,025,124	1.7	789,350	—	—
投資・出資金・貸付金	628,834	1.1	434		
前年度繰上充用金					
投　資　的　経　費	10,072,776	17.1	2,028,060		
うち人件費	293,384	0.5	292,126		
普通建設事業費	10,072,776	17.1	2,028,060		
内　うち補助	2,991,800	5.1	212,153		
うち単独	7,046,204	12.0	1,812,035		
訳　災害復旧事業費	—	—	—		
失業対策事業費	—	—	—		
歳　出　合　計	58,800,856	100.0	36,585,585		

図表 2 −19　決算カードの「性質別歳出の状況」(習志野市)

が「義務的経費」となります。一般的に、義務的経費の構成比が高いほど財政は硬直していることになります。

　「その他の経費」に該当するのは、「物件費」「維持補修費」「補助費等」「繰出金」「積立金」「投資・出資金・貸付金」です。このうち、「物件費」は「義務的経費」と併せて「準義務的経費」と呼ぶ場合もあります。

　それに対して、「投資的経費」はその経費が公共施設整備に関するものになります。いわゆるハコモノ建設といわれるものが含まれます。投資的経費のうち、「普通建設事業費」は「補助」と「単独」に分けられます。「補助」は国庫から直接・間接の補助を受ける「補助事業」のことです。一方、「単独」は国

の補助金を受けないで自治体が行う「単独事業」のことです。

　「投資的経費」のこれまでの動向をみると、自治体が国の政策に影響を受けてきたことが分かります。戦後、国の景気対策や国土開発政策により、自治体では補助事業が盛んに行われてきました。しかし、国の補助金抑制の流れと「内需拡大」の必要性から「借金をして、その返済分については国が地方交付税で財源措置をします」とのことで単独事業が国の誘導のもとに展開されました。平成の時代には、「平成の大合併」など合併特例債による「ハコモノ」づくりを展開した自治体もありました。バブル崩壊後、多くの自治体は財政危機に直面し、投資的経費は減少の傾向にあります。

ざっくりポイント

「決算カード」は自治体の財政分析にうってつけです。特に歳入・歳出（目的別・性質別）は自治体間の比較に必須のデータです。調べ方をマスターしましょう！

第3章

新公会計制度の財務書類の見方とチェックポイント

第1節　財務書類の概要をつかもう

◆ 新公会計制度の財務書類とは

　「新公会計制度の財務書類」とは、総務省から示された統一的な基準に基づいて作成される財務書類のことです。この財務書類は「貸借対照表」、「行政コスト計算書」、「純資産変動計算書」及び「資金収支計算書」の4表又は3表（上記の4表のうち「行政コスト計算書」と「純資産変動計算書」を結合）です。本書では、4表を使って説明をします。4表の概要は図表3－1のとおりです。

統一的な基準での名称	企業会計での名称	略称	内容
貸借対照表	貸借対照表	BS (Balance Sheet)	基準日時点における財政状態（資産・負債・純資産の残高及び内訳）を表示したもの
行政コスト計算書	損益計算書	PL (Profit and Loss statement)	一会計期間中の費用・収益の取引高を表示したもの
純資産変動計算書	株主資本等変動計算書	NW (Net Worth statement)	一会計期間中の純資産（及びその内部構成）の変動を表示したもの
資金収支計算書	キャッシュ・フロー計算書	CF (Cash Flow statement)	一会計期間中の現金の受払いを3つの区分で表示したもの

図表3－1　統一的な基準による財務書類4表の概要

◆ 財務書類4表の役割と関係

　財務書類4表は、それぞれの役割が明確に分かれている一方で、互いに密接に連携しています（図表3－2）。

　一番左側の『貸借対照表』を中心にみた場合、貸借対照表中の「資金の増減」を一番右端にある『資金収支計算書』で表現します。また、貸借対照表の

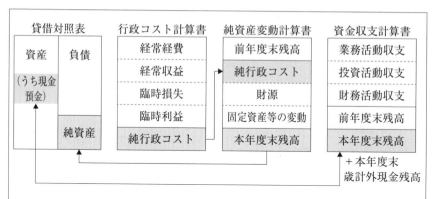

貸借対照表		行政コスト計算書	純資産変動計算書	資金収支計算書
資産	負債	経常経費	前年度末残高	業務活動収支
（うち現金預金）		経常収益	純行政コスト	投資活動収支
	純資産	臨時損失	財源	財務活動収支
		臨時利益	固定資産等の変動	前年度末残高
		純行政コスト	本年度末残高	本年度末残高

＋本年度末
歳計外現金残高

※1　貸借対照表の資産のうち「現金預金」の金額は、資金収支金額の本年度末残高に本年度末歳計外現金を足したものと対応する。
※2　貸借対照表の「純資産」の金額は、純資産変動計算書の本年度末残高と対応する。
※3　行政コスト計算書の「純行政コスト」の金額は、純資産変動計算書に記載される。

図表3-2　財務書類4表の関係図

「純資産の増減」を『純資産変動計算書』で表現します。

　『行政コスト計算書』で計算された「純行政コスト」が、『純資産変動計算書』の「財源の使途」の一部を構成します。これは、純資産を減らす大きな原因（財源の使い道）として、当年度に発生した行政コストがあるからです。

　『純資産変動計算書』で、行政コストも含めた「純資産の増減」から期末純資産が計算され、それが貸借対照表の「純資産」の部と対応します。

　『資金収支計算書』で、1年間の「現金預金の動き」から期末の資金残高が計算され、それに歳計外現金の残高を加えたものが貸借対照表の資産の一要素である「現金預金」と対応します。

　なお、民間企業では、利益の計算が主になるので、行政コスト計算書ではなく、『損益計算書』が作成されます。

　また、資金収支計算書は、『キャッシュ・フロー計算書』という名前で同じ機能を持った財務書類があります。そして、公会計における純資産変動計算書に該当する財務書類としては、『株主資本等変動計算書』があります。

　4表それぞれの詳細な解説は、本章第2節以降で行います。

◆ 注記と附属明細書

　上記財務書類 4 表のほかに、統一的な基準に基づいて「注記」及び「附属明細書」の作成が求められています。その内容は次のとおりです。これらの内容についても順次、詳細な説明をしていきます（本章第 6 節、第 7 節）。

・注記
　①重要な会計方針
　②重要な会計方針の変更等
　③重要な後発事象
　④偶発債務
　⑤追加情報

・附属明細書
　①貸借対照表の内容に関する明細
　　(a)　資産項目の明細（有形固定資産の明細、有形固定資産の行政目的別明細、投資及び出資金の明細、基金の明細、貸付金の明細、長期延滞債権の明細、未収金の明細）
　　(b)　負債項目の明細（地方債（借入先別）の明細、地方債（利率別）の明細、地方債（返済期間別）の明細、特定の契約条項が付された地方債の概要、引当金の明細）
　②行政コスト計算書の内容に関する明細
　　(a)　補助金等の明細
　③純資産変動計算書の内容に関する明細
　　(a)　財源の明細
　　(b)　財源情報の明細
　④資金収支計算書の内容に関する明細
　⑤資金の明細

ざっくりポイント

財務書類の中でも、資産の情報が分かる「貸借対照表（バランスシート）」をまず理解する必要があります。

理解のコツとしては、財務書類 4 表→附属明細書→注記と、大局的に押さえてから詳細の分析ということがよいでしょう。

第2節　貸借対照表

◆ 自治体の財政状態を明らかにする貸借対照表

　貸借対照表は「バランスシート（BS）」とも呼ばれています。貸借対照表は、基準日時点（年度末の3月31日）における自治体の財政状態（資産・負債・純資産の残高及び内訳）を明らかにすることを目的として作成されます。本書第1章第4節を参考にみていただければと思います。

　ところで、官庁会計でも決算書のほかに資産の情報として「財産に関する調書」を作成しています。この調書については第2章での説明を省略しましたので、ここで財産に関する調書様式（施行規則第16条の2関係）のうち、土地及び建物の調書について説明したいと思います（図表3-3）。貸借対照表を理解するためには、自治体の財源や資金に関する知識が不可欠ですので、確認していきましょう。

　実は、この調書には2つの問題点があると、筆者は考えています。ひとつは、金額を記載する欄がない点です。もうひとつは、この調書の備考欄に記載のあるように、道路や橋りょう、河川などを、この調書の記載対象から除いた点です。しかし、これらの情報がなければ、真の意味でのバランスシート（貸借対照表）はできません。

　このほかの問題点としては、建物を除却した場合など、その除却の年度に記帳が漏れてしまうとそのままになってしまいます。なぜなら、この財産に関する調書は毎年度の増減を対象として調べるものだからです。つまり過去の誤りはそのまま踏襲されてしまうことになります。おそらく、どこの自治体も、財産に関する調書の内容について「まちがいありません」と自信を持って答えられないのが現実です。

◆ 固定資産台帳の整備

　調書が抱える上記のような問題点も前提となって、総務大臣通知の要請のひとつが「固定資産台帳の整備」ということになったのでしょう（通知の内容に

財産に関する調書

1　公有財産

（1）土地及び建物

区分		土地（地籍）			建物								
					木造（延面積）			非木造（延面積）			延面積		
		前年度末残高	決算年度中増減高	決算年度末現在高	前年度末残高	決算年度中増減高	決算年度末現在高	前年度末残高	決算年度中増減高	決算年度末現在高	前年度末残高	決算年度中増減高	決算年度末現在高
本庁舎		㎡	㎡	㎡	㎡	㎡	㎡	㎡	㎡	㎡	㎡	㎡	㎡
その他の行政機関	警察（消防）施設												
	その他の施設												
公共用財産	学校												
	公営住宅												
	公園												
	その他の施設												
山林													
何々													
合計													

備考　1　この調書は、総括、行政財産及び普通財産に区分して作成すること。
　　　2　道路及び橋りょう、河川及び海岸並びに湾岸及び港湾については、この調書に記載することを要しないこと。

図表3－3　財産に関する調書様式（土地及び建物）

ついては、第1章第9節)。なお、総務省より作成が要請された固定資産台帳の記載項目には、金額情報が含まれています。財産に関する調書では記載対象となっていなかった、インフラ資産などの道路や橋りょうも、固定資産台帳には計上されます。さらに、無償譲渡などの場合も、その金額を再調達原価で評価することとされています。

　ところで、自治体には財産に関する調書のほかに、「公有財産台帳」といわれる様々な法定台帳（道路台帳や公園台帳など）があります。総務省でも、これらの法定台帳から固定資産台帳を作成することできないかと検討がなされました。しかし検討の結果、公有財産台帳を固定資産台帳とするには不十分な台帳であることが分かりました。固定資産台帳と公有財産台帳との相違点は図表3－4のように整理されます。

　固定資産台帳は、土地などの償却を要しない資産を除き、償却資産に、その耐用年数に応じて毎年減価償却費の計上をします。これにより、資産の状況を毎年チェックできるということになります。また、固定資産台帳に記載される

	固定資産台帳	公有財産台帳
管理の主眼	会計と連動した現物管理	財産の保全、維持、使用、収益等を通じた現物管理
対象資産の範囲	すべての固定資産	建物・土地・備品等が中心（道路、河川など同台帳に整備されていない資産もある）
資本的支出と修繕費	区分あり	明確な区分なし
付随費用	区分あり	明確な区分なし
金額情報	あり	なし（原則）
減価償却	あり	なし

図表3－4　固定資産台帳と公有財産台帳との相違点

資　産	負　債
財源を使って取得した、自治体の財産の内訳 （例）道路、学校、土地など	返済する必要がある財源 （例）地方債など
	純　資　産
	返済する必要がない財源 （例）税収、地方交付税など

図表3－5　財源という観点からみた貸借対照表

　資産は、財源を使って取得したということになります。この財源という観点からバランスシート（貸借対照表）をみると、図表3－5のようになります。

　以下、詳しく事例で説明したいと思います。

事 例✎

　1億円の建物を建設（取得）しました。財源は税収が5千万円、国からの補助金2千万円、地方債が3千万円とします（図表3－6）。

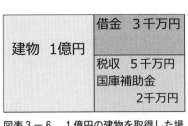

図表3－6　1億円の建物を取得した場合の貸借対照表

　この例では、「建物」という資産を取得しましたので、貸借対照表の借方（左側）に1億円を金額表示します。この財源として、借金である地方債を発行した金額が3千万円になります。その金額を貸方（右側）の負債の部に借金である地方債を表示します。残りの財源は返済す

る必要がない財源である純資産として、税収 5 千万円と国庫補助金の収入の 2 千万円を表示します。これにより貸借対照表が完成します。この貸借対照表の数字は決算日 (3 月31日) の状況を表示したものです。

　さらにこの貸借対照表を理解するために、資産の中の現金預金である「資金」と「純資産」について説明をしたいと思います。この「資金」というのは、まさしく現金主義会計である官庁会計の決算書が資金 (現金) の「収入」と「支出」に基づいて作成されています。貸借対照表の中の現金預金の増減の明細として「資金収支計算書」が作成されます。

　次に、「純資産」についてです。まず民間の場合には、仮に100万円の現金を元手に商売をした場合には、資産の中の「現金」100万円が借方 (左側) に表示され、貸方 (右側) には「純資産」100万円が表示されます。そしてその後 1 年間商売をして10万円が増えた際は、現金10万の増加と損益計算書で売上という収益の増加を認識し、その増加分が貸借対照表の純資産10万の増加とな

り、それぞれ、借方 (左側) 現金110万円と貸方 (右側) 純資産110万円になるイメージです (図表 3 − 7)。

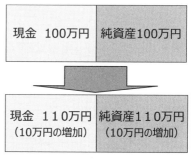

図表 3 − 7　民間の純資産の考え方

　新公会計制度の純資産のイメージは上記のようなイメージと少し違います。自治体では、住民からの税収や国や県からの補助金収入などは住民からの出資であるとの考え方で (「出資説」といいます)、その収入を民間でいう損益計算書の収益に計上せずに貸借対照表の純資産として受け入れるという処理をします。上述の、建物 1 億円の事例で説明したいと思います。

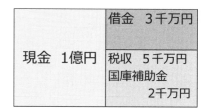

図表 3 − 8　新公会計制度の純資産の考え方

　税収や国庫補助金を現金で受け入れたとします。併せて、地方債の発行による

借入金も現金で受け入れたとすると図表3－8のような貸借対照表になります。この借方の現金1億円は建物代金として支払ったということで、現金1億円を減少して、建物1億円が資産として図表3－6の貸借対照表になります。ここで再確認をしていただきたいのは、新公会計制度での財務書類は、「財源」と「資金（現金）」が重視されているということです。

◆ **貸借対照表を読み解いていこう**

　それでは貸借対照表の読み解き方を説明していきます。以下では、平成30年度決算の習志野市の統一的な基準による財務書類4表・附属明細書・注記を例にとり、貸借対照表の構成要素を、実際の数字を基にして説明をします（なお、本章では構成要素と見方の説明をしますので、指標を使った財務分析は第4章を参照してください）。

事 例

　統一的な基準によって作成した「貸借対照表」を例に説明をします（図表3－10）。各構成要素の実際の金額を使いながら、中身を確認していきましょう。

①資産合計・負債合計・純資産合計

　まず「資産合計・負債合計・純資産合計」です。図表3－10左側の欄【資産の部】の最下段にある資産合計（404,475,106,877円）、右側の欄の【負債の部】の負債合計（63,953,108,051円）と【純資産の部】の純資産合計（340,521,998,826円）を抜き出すと図表3－9のようになります（概要を押さえるためには億円単位で確認すれば十分です）。

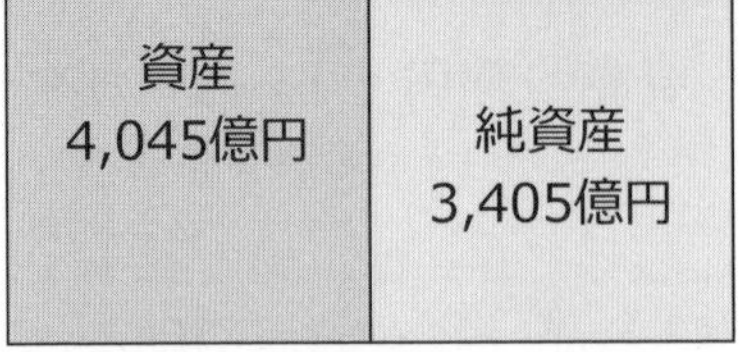

　ここで、資産に対する負債の比率と資産に対する純資産の比率を確認します。

図表3－9　貸借対照表の概要

貸借対照表

(平成31年(2019年) 3月31日現在)

習志野市 [一般会計等]　　　　　　　　　　　　　　　　　　　　　　　　　　　　　(単位：円)

科　　目	金　額	科　　目	金　額
【資産の部】		【負債の部】	
固定資産	395,283,403,036	固定負債	56,872,903,857
有形固定資産	384,880,765,907	地方債	44,674,347,275
事業用資産	138,329,161,868	長期未払金	1,642,357,302
土地	84,137,644,528	退職手当引当金	9,812,036,000
立木竹	0	損失補償等引当金	5,399,000
建物	102,100,507,357	その他	738,764,280
建物減価償却累計額	△ 63,656,985,289	流動負債	7,080,204,194
工作物	33,088,772,407	1年内償還予定地方債	4,486,295,734
工作物減価償却累計額	△ 19,582,494,402	未払金	375,210,968
船舶	0	未払費用	0
船舶減価償却累計額	0	前受金	0
浮標等	0	前受収益	0
浮標等減価償却累計額	0	賞与等引当金	136,713,310
航空機	0	預り金	663,915,719
航空機減価償却累計額	0	その他	1,285,279,543
その他	0	負債合計	132,788,920
その他減価償却累計額	0	負債合計	63,953,108,051
建設仮勘定	2,241,717,267	【純資産の部】	
インフラ資産	245,530,323,239	固定資産等形成分	400,477,106,183
土地	224,664,123,341	余剰分(不足分)	△ 59,955,107,357
建物	1,522,928,130		
建物減価償却累計額	△ 867,855,814		
工作物	54,259,316,563		
工作物減価償却累計額	△ 38,631,728,708		
その他	0		
その他減価償却累計額	0		
建設仮勘定	4,583,539,727		
物品	3,076,398,545		
物品減価償却累計額	△ 2,055,117,745		
無形固定資産	206,480,006		
ソフトウェア	0		
その他	206,480,006		
投資その他の資産	10,196,157,123		
投資及び出資金	1,204,960,583		
有価証券	3,747,912		
出資金	1,201,212,671		
その他	0		
投資損失引当金	0		
長期延滞債権	1,131,068,698		
長期貸付金	26,875,582		
基金	7,930,225,710		
減債基金	600,000,000		
その他	7,330,225,710		
その他	0		
徴収不能引当金	△ 96,973,450		
流動資産	9,191,703,841		
現金預金	3,699,449,501		
未収金	324,047,187		
短期貸付金	3,280,560		
基金	5,190,422,587		
財政調整基金	4,816,718,633		
減債基金	373,703,954		
棚卸資産	0		
その他	1,685,000	純資産合計	340,521,998,826
徴収不能引当金	△ 27,180,994	純資産合計	340,521,998,826
資産合計	404,475,106,877	負債及び純資産合計	404,475,106,877

図表 3 −10　貸借対照表

すると、前者が16％で後者が84％と分かります。この比率は将来世代と現世代との負担割合が適切であるかの判断に使うことができます。

②資産

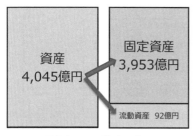

図表3-11　資産の内訳

【資産の部】の中で「固定資産」と「流動資産」の割合をみてみましょう。自治体の貸借対照表では、最初に固定資産、次に流動資産が表示されています。一方、多くの企業は流動資産から固定資産の順に記載しています。これは現金の保有が会社にとって大切であるとの考え方からです。この配列方法を「流動性配列法」と呼んでいます。これに対して、自治体は住民サービスに必要な多くの固定資産があることから固定資産を最初に記載する「固定性配列法」を採用しています。このような固定性配列法は、ガス会社や電力会社といったサービスの提供に巨大な装置すなわち固定資産を要する会社で用いられています。

習志野市では、資産のうち、3,953億円が固定資産となっています（図表3-11）。資産全体の割合からすると、約98％ということになります。流動資産は92億円、割合からするとわずか2％ということです。このように自治体の資産はほとんど固定資産であるということが分かります。

③固定資産

自治体の資産のほとんどは固定資産だということが分かりました。では、どのような固定資産があるのでしょうか？　固定資産は「有形固定資産」、「無形固定資産」、「投資その他の資産」の3分類に区分されています。

有形固定資産とは、事業のために使用される、形のある（物体である・物理的な実体を有する）固定資産をいいます。一方、無形固定資産は形のない法律上の権利です。それ以外の投資その他の資産は投資することを目的として所有

されるもので、土地・建物であっても、賃貸借目的で保有している場合などは投資その他の資産に分類されます。

　この固定資産の中身をみてみると、どの自治体もほとんどが有形固定資産だということが分かります。習志野市の事例では97％が有形固定資産だということが分かります。今までの資料でも分かるとおり、自治体の資産はほとんどが有形固定資産だということが分かると思います（図表3－12）。

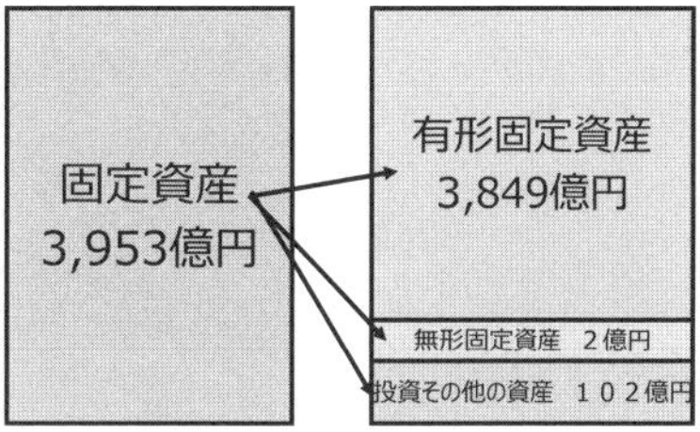

図表3－12　固定資産の内訳

④有形固定資産

　有形固定資産は、「事業用資産」、「インフラ資産」、「物品」に分類して表示されています。この表示の区分は分かりにくい部分もあると思います。自治体が所有する資産は商売のためではないので、庁舎や学校などもインフラ資産だと思われがちです。

　統一的基準では、インフラ資産を限定列挙で示しました。具体的には大分類として「道路」、「河川」、「港湾」、「防災」、「上下水道」、「下水道施設」に分類され、それ以外は小分類として「農道」、「林道」、「漁港」、「電気・ガス」がインフラ資産に限定されています。もともと、インフラ資産は「システムまたはネットワークの一部であること、性質が特殊なものであり代替的利用ができないこと、移動させることができないこと、処分に関し制約を受けるといった特

図表3－13　有形固定資産の内訳

119

徴の一部またはすべてを有するもの。」と、「統一的な基準による地方公会計マニュアル」（令和元年8月改訂）財務書類要領の第96段落で定義されていますが、筆者は分かりづらいと思っています。

　事業用資産は、インフラ資産及び物品以外の有形固定資産ということになります（図表3－13）。

・「償却資産」と「非償却資産」の違い

　有形固定資産のうち、特に押さえておく必要があるのは「償却資産」と「非償却資産」の違いです。償却資産とは、使用期間が長期間で、時間の経過や使用によりその価値が減少する固定資産をいいます。非償却資産とは、時間の経過や使用によって価値が減少しない資産をいいます。図表3－13でみてみると「土地」が非償却資産です。また、「建設仮勘定」も非償却資産に分類されます。建設仮勘定は、建物や工作物などの建設が長期にわたる場合などに建設までの支出金額を建設仮勘定として資産の部に一時的に計上するものです。建物等が完成した際には、償却資産である建物や工作物など、本来の資産に振り替える処理をします。

科目	金額（億円）
建物	1,021億円
建物減価償却累計額	△637億円

図表3－14　建物の内訳①

・償却資産の内訳科目の見方

　図表3－14は、習志野市の貸借対照表から、事業用資産である建物の部分を抜き出し、金額を億円単位にしたものです。

　まず、建物1,021億円が建物の取得費であるということが分かります。償却資産の場合はその建物の耐用年数に応じて価値が減少すると考えて、以下のような会計上の計算をします。

　仮に50億円の建物が50年の耐用年数であるとします。この場合、1年間の価値の減少金額は、「50億円÷50年＝1億円」となります。5年経過したならば「5年間×1億円＝5億円」ということになります。この価値の減少金額の累

計金額を、「減価償却累計額」といいます。

　図表3－14でいえば、建物の取得金額が1,021億円であり、建物減価償却累計額は637億円とありますから、その建物の価値の減少額は637億円というわけです。つまり、建物の会計上の金額は「1,021億円－637億円＝384億円」ということになります。この384億円が、貸借対照表の資産の部に計上する、建物の金額となるわけです。

```
┌──────────┬──────────┐
│          │   負債    │
│   資産    │   637    │
│  1,021   │   億円    │
│   億円    ├──────────┤
│          │  純資産   │
│          │   384    │
│          │   億円    │
└──────────┴──────────┘
```

図表3－15　建物の内訳②

　この建物につき貸借対照表をイメージすると図表3－15のような図になります。資産は建物の取得価額であり、負債はこの資産が減額になるということで簿記の取引では負債の計上になります。資産から負債を差し引いた384億円が純資産であることが分かります。このイメージを知ることが貸借対照表を理解するうえでもっとも重要なこととなります。

　なぜなら、資産の部に計上されている建物の金額が100億円の場合であってもそれが、1,000億円の取得価額の建物の金額が100億円までになった場合と、取得した直後でもともと100億円の場合では大きな違いがあるのです。ひとつは、建物が住民サービスとして継続して必要であるならば、老朽化した建物の更新費用を考えなければなりません。また、1,000億円の取得価額の建物と100億円の建物では、その建物の維持に係る経費や人件費なども取得価額の大きさにより大きく異なることになります。

　この建物の取得価額と減価償却累計額を把握することによって、会計上の資産老朽化比率を出すことができます（図表3－16）。なお、この比率のことを統一的な基準では、「有形固定資産減価償却率」として呼称することになりまし

$$\frac{減価償却累計額637億円}{建物取得価額1,021億円} ≒ 62\%\quad 有形固定資産減価償却率（老朽化比率）$$

図表3－16　有形固定資産減価償却率の計算方法

た。

　この有形固定資産減価償却率を求める必要があったために、固定資産台帳の整備が必要であり、そのために公会計改革が行われたといっても過言ではないと筆者は感じています。この比率の高い自治体ほど、今後の資産更新計画が必要であり、総務省が公共施設等総合管理計画の策定を求めたことにつながっていきます。

⑤基金

　貸借対照表の【資産の部】の中でも分かりづらいもののひとつが、「基金」ではないでしょうか？　【資産の部】はその名前のとおり「資産」の内容について表示しているものです。ここでいう基金は目的を持った貯金に当たります。この貯金については有利な運用をするために現金での保有だけではなく、有価証券、土地、貸付金など様々な運用形態があります。本来であればその資産の種類ごとに貸借対照表に表示すべきだと思います。しかしながら、そのような表示方法だと、基金そのものの金額が分かりづらくなることと、基金の運用内容により資産の科目を変更しなければならないという会計手続きの煩雑さもあり、基金そのものの重要性を優先し、「基金」として資産で計上します。

　その代わりに、基金の内訳に係る附属明細書の作成が求められています。基金の表示の場所としては原則、固定資産の部の投資その他の資産の内訳のひとつとされました。注意が必要なのは「財政調整基金」と「減債基金」の扱いです。基金は特定目的により積み立てられるものですが、「財政調整基金」は貯金というよりは当初の収入が見込みより少ない場合に計画的な財政運営をするためのものであることから、長期で保有するものではないとの考えで、流動資産の部に基金の内訳として財政調整基金を表示することになりました。もうひとつの例外として「減債基金」の表示方法です。減債基金は地方債の返済を計画的に行う目的から、流動資産の部の基金の内訳にする部分と、固定資産の部の基金の内訳として表示されます。その他の基金は特定目的の基金であることから固定資産の部の基金の内訳で「その他」として表示されます。

⑥徴収不能引当金

「徴収不能引当金」の項目が、貸借対照表（図表3-10）の固定資産の部の一番下と流動資産の一番下にあります。徴収不能引当金とはなんでしょうか。

民間の場合、売掛金という債権がありますが、例えば、この売掛金のすべてが回収できると見込み、そのお金をあてにして仕入をした場合、万が一そのお金が回収できなかったら大変なことになります。そこで、回収できないかも知れないお金を「貸倒引当金」としてあらかじめ債権金額から差し引いて資産の評価を行っているのです。

統一的な基準でも、この考え方により、自治体が所有する債権に対する回収不能額をあらかじめ算定をしたのが、「徴収不能引当金」という科目になります。徴収不能引当金の内訳は附属明細書により確認できます。自治体の債権管理に有用な項目といえるでしょう。

⑦負債

負債は、「固定負債」と「流動負債」に分類して表示されます。【資産の部】と同じく固定性配列法に基づいて、「固定負債」、「流動負債」の順で表示されます。「流動負債」とは、簡単にいえば、1年以内に支払う必要があるものと思っていただいていいと思います。「固定負債」は長期にわたり支払なければならないお金です。

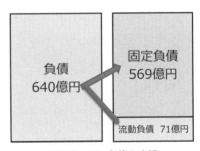

図表3-17 負債の内訳

図表3-17をみると、負債640億円のうち約9割が固定負債であることが分かります。流動負債は1年以内に支払う必要がありますので、その支払資金として流動資産（特に現金預金）がどのくらいあるのかなど、資金計画のうえでも参考とするべきものです。

⑧固定負債

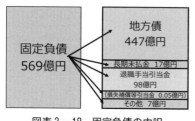

図表3-18　固定負債の内訳

固定負債は、「地方債」、「長期未払金」、「退職手当引当金」、「損失補償等」、「その他」に分類して表示します。習志野市の固定負債の中身をみると、「地方債」が約447億円で、全体の約8割を占めています（図表3-18）。自治体の固定負債のうち、地方債がどのくらいの割合であるかを確認することは、自治体の財政を把握するにあたって重要なポイントとなります。

「長期未払金」は債務負担行為で確定債務とみなされるもの及びその他の確定債務のうち流動資産に区分されるもの以外が計上されます。

「退職手当引当金」は退職手当のうち、すでに労働提供が行われている部分について、期末要支給基準といって、期末にすべての職員が退職したと仮定して計算した金額を計上しているのです。この退職手当引当金も発生主義の考えに基づいて算出されます。将来払うべき退職金の支出が、貸借対照表からも分かるということです。

「損失補償等引当金」は、履行すべき額が確定していない損失補償債務等のうち、地方公共団体財政健全化法上、将来負担比率の算定に含めた金額を計上します。

「その他」は上記以外の固定負債を計上します。地方債とは別に金融機関からの長期借入金などが該当します。

⑨流動負債

　流動負債は、「1年内償還予定地方債」、「未払金」、「未払費用」、「前受金」、「前受収益」、「賞与等引当金」、「預り金」、「その他」に分類して表示します。

　習志野市では、流動負債71億円のうち、45億円が「1年内償還予定地方債」となっており、全体の約6割を占めています（図表3-19）。

　次に、覚えておきたいのは「賞与等引
当金」です。「賞与等」は、期末手当・
勤勉手当及び法定福利費を含むもので
す。この賞与等は通常 6 月と12月に支給
されます。例えば、 6 月の賞与等は前年
の12月から 5 月までの 6 か月間の勤務に
対応する期間に対して支給されます。し

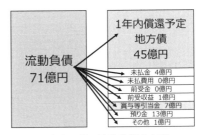

図表 3 －19　流動負債の内訳

かし、 3 月の決算のときには12月から 3 月分までの賞与等の支払をしませんの
で、発生主義の考え方からすると、12月から 3 月までの 4 か月分を費用として
計上するとともに、次年度に支払が予定されている負債として計上する考え方
です。そうすることにより、 6 月に支給されたときには 4 か月分の賞与等引当
金を相殺することにより、本来の期間である 2 か月分の賞与等の費用計上がで
きることになります。この経理処理は複式簿記によって仕訳されます。

　「未払金」は、 3 月31日の基準日時点までに支払義務発生の原因が生じてお
り、その金額が確定し、または合理的に見積もることができるものとされてい
ます。自治体の会計は出納整理期間がありますので、そもそも支払いの義務が
あるのに支払わないということはあまりないと思います。税金などの過誤納金
の返還にあたり、債権者が死亡や住所が不明などで出納整理期間中に返還でき
なかった場合などが想定されます。

　「未払費用」は、一定の契約に従い、継続して役務の提供を受けている場合、
3 月31日の基準日時点において既に提供された役務に対して未だその対価の支
払いを終えていないものいいます。

　「前受金」は、 3 月31日の基準日において、代金の納入は受けているが、こ
れに対する義務を行っていないものです。自治体は単年度決算であることか
ら、このような事例は少ないと思います。

　「前受収益」は、一定の契約に従い、継続して役務の提供を行う場合、 3 月
31日の基準日時点において未だ提要していない役務に対し支払いを受けたもの
をいいます。自転車の駐輪場の手数料や市民会館などの使用料などが該当する

場合があります。

　「預り金」は、3月31日の基準日において、第3者から寄託された資産にかかる見返り負債をいいます。具体的には、住民税・源泉所得税・社会保険料などを職員等の給与から差し引いた分や公営住宅の敷金などが該当になります。この会計処理は予算や決算には計上されない収入と支出になります、しかし一時的ではありますが貸借対照表の現金に計上されていますので、それに見合う形の預り金という負債で収支の均衡を保っています。

　「その他」は上記以外の流動負債をいいます。地方債とは別に金融機関からの短期借入金などが該当します。

⑩純資産

　純資産は、資産から負債を差し引いたものです。詳細については、本章第4節「純資産変動計算書」で説明をすることとし、ここでは貸借対照表中の純資産の表示について概説します。純資産は、「固定資産等形成分」と「余剰分（不足分）」に区分して表示されます。

　まずは、「固定資産等形成分」から説明します。上述したように、資産は固定資産と流動資産に区分されます。この中の固定資産の残高（減価償却累計額の控除後）に、流動資産の中の「短期貸付金」と「基金」を加えたものを、「固定資産等形成分」といいます（図表3-20）。意味合い的には、資産形成のために充当した資源の蓄積であり、原則として金銭以外の形態（固定資産等）で保有されているものと定義されています。換言すれば、自治体が調達した資源を充当して資産形成を行った場合の、その資産の残高ということになります。

【資産の部】	
固定資産	395,283,403,036円
短期貸付金	3,280,560円
基金	5,190,422,587円
計	400,477,106,183円

【純資産の部】
固定資産形成分 400,477,106,183円

図表3-20　固定資産等形成分の内訳

　次に「余剰分（不足分）」を説明します。「余剰分（不足分）」とは、【資産の部】の中で、自治体の費消可能な資源の蓄積をいい、原則として金銭の形態で保有されます。具体的には、流動資産から短期貸付金と基金を差し引いた金額が「余剰分」ということになります（図表 3 −21）。その金額から負債総額を差し引くと、おそらくほとんどの自治体がマイナスになります。なぜなら、そもそも貸借対照表の負債には将来返済する金額が含まれていますが、将来返済するときの財源はそのときの税収等で充当されるわけですが、その将来の収入は貸借対照表の資産には計上されていません。最終的には「不足分」ということになりますね。いずれの場合でも、表示は「余剰分（不足分）」となります。

【資産の部】（A）

流動資産	9,191,703,841円
短期貸付金	△3,280,560円
基金	△5,190,422,587円
計	3,998,000,694円

【負債の部】（B）

負債合計	63,953,108,051円

（A）−（B）= △59,955,107,357円

【純資産の部】

余剰分（不足分）
△59,955,107,357円

図表 3 −21　余剰分（不足分）の内訳

ざっくりポイント

大分類の構成比から概要をつかみ、徐々に小分類の内容を理解していきましょう！

第3節　行政コスト計算書

◆ 行政コスト計算書は自治体の費用・収益の取引高を明らかにする

「行政コスト計算書」は、会計期間中の自治体の費用・収益の取引高を明らかにすることを目的として作成されます。民間では「損益計算書」と呼ばれています。この損益計算書は「Profit and Loss Statement」のことですが、Profit→「益」、Loss→「損」として単純に訳せば「損益計算書」になります。しかし、税収や国庫補助金収入などを住民からの出資という考えで貸借対照表において純資産を増加する考えを採用したことにより、収益のほとんどを占める税収等が収益として計上されないことになったので、自治体においては損益計算書ではなく行政コスト計算書という名称が適当でしょう。

行政コスト計算書上の費用及び収益は、総額によって表示することを原則とします。すなわち費用の項目と収益の項目とを直接に相殺することによって、その全部又は一部を除去してはならないということです。このような相殺処理をしてしまうと正しい経営分析ができないからです。

民間の損益計算書の表示は、儲けを示すためのものなので、まず売上から仕入などの売上原価を差し引いて売上総利益、一般的には、粗利益と呼ばれるものを算出します。そこから販売費及び一般管理費を差し引くことで、本業で儲けた営業利益（損した場合は営業損失）を算出します。そのあとに、副業で儲けた（損した）利益や、臨時的な儲け（損）等を計算して、最終的に儲けはいくらなのかを計算します。

一方、行政コスト計算書は儲けがいくらかを計算するのでなく、どのくらいコストがかかったのかを計算する内容になっています。これは住民からの財源をどのような内容で消費したかが分かるような仕組みになっています。

そのことから、行政コストの計算ではまず、経常費用はどのくらいなのかを算出し、その後に経常収益を差し引いて、純経常行政コストを算出します。その次に、臨時損失と臨時利益を増減して、純行政コストを算出します。損益計算書は利益から費用を差し引くことで、いくら最終的に利益があるのかを計算

しますが、行政コスト計算書は、いい換えれば、まず費用を算出してそこから受益者負担などの収益を差し引く考え方だといえます。

◆ 行政コスト計算書を読み解いていこう

　習志野市の「行政コスト計算書」（図表3−23）を例にとり、構成要素の数字を基にして解説をしていきましょう。

事例 📝

　行政コスト計算書の一番上に表示されている経常費用は、費用の定義に該当するもののうち、毎会計年度に経常的に発生するものをいいます。この経常費用は「業務費用」及び「移転費用」に分類して表示します。業務費用は、「人件費」、「物件費等」及び「その他の業務費用」に分類されます。移転費用は、「補助金等」、「社会保障給付」、「他会計への繰出金」及び「その他」に分類して表示します。習志野市の行政コスト計算書から数字を億円単位で抜き出してみましょう。ざっくりとみるには億円単位で十分だと思います。金額は四捨五入を原則としていますが合計金額にあわせるため調整している箇所があります。

①経常費用

　経常費用は、「業務費用」と「移転費用」に分類されます。この割合をみてみると習志野市は経常費用が499億円であり、経常経費のうち、業務費用が290億円で58％、移転費用が209億円で42％を占めているということが分かります（図表3−22）。

　今後、社会保障給付などの移転費用が増加することが想定される中で、どの程度の割合が適切なのかの分析を、自治体内の経年比較及び他自治体比較をすることによ

科目	金額	割合
経常費用	499 億円	100%
業務費用	290 億円	58%
移転費用	209 億円	42%

図表3−22　経常費用の内訳

行政コスト計算書

自　平成30年(2018年) 4月1日
至　平成31年(2019年) 3月31日

習志野市［一般会計等］　　　　　　　　　　　　　　（単位：円）

科　　　　　目	金　　額
経常費用	49,944,484,101
業務費用	29,053,744,846
人件費	12,809,608,563
職員給与費	10,965,655,940
賞与等引当金繰入額	663,915,719
退職手当引当金繰入額	748,177,000
その他	431,859,904
物件費等	15,551,351,751
物件費	10,210,973,798
維持補修費	686,194,633
減価償却費	4,646,395,930
その他	7,787,390
その他の業務費用	692,784,532
支払利息	252,712,467
徴収不能引当金繰入額	71,003,873
その他	369,068,192
移転費用	20,890,739,255
補助金等	3,994,431,243
社会保障給付	12,537,880,355
他会計への繰出金	4,330,584,782
その他	27,842,875
経常収益	2,961,721,089
使用料及び手数料	1,291,822,878
その他	1,669,898,211
純経常行政コスト	46,982,763,012
臨時損失	248,633,756
災害復旧事業費	1,697,856
資産除売却損	245,588,959
投資損失引当金繰入額	0
損失補償等引当金繰入額	0
その他	1,346,941
臨時利益	3,162,003
資産売却益	1,672,183
その他	1,489,820
純行政コスト	47,228,234,765

図表 3 −23　行政コスト計算書

り、判断していくことになると思います。この経年比較と他自治体比較分析
は、他の分析をするうえでも参考となるものです。

②業務費用

　習志野市では、業務費用のう
ち、人件費が128億円で、業務費
用の約44％を占めており、物件費
等は155億円で53％を占めていま
す（図表3－24）。人件費の支出額

科目	金額	割合
業務費用	290 億円	100%
人件費	128 億円	44%
物件費等	155 億円	53%
その他の業務費用	7 億円	3%

図表3－24　業務費用の内訳

は注目するべき項目ですので、しっかりとチェックする必要があります。業務
費用の内訳について、順次確認していきましょう。

③人件費

　人件費は、「職員給与費」、「賞
与等引当金繰入額」、「退職手当引
当金繰入額」及び「その他」に分
類して表示されます（図表3－25）。
　「職員給与費」とは、勤労の対
価や報酬として支払われる費用の

科目	金額	割合
人件費	128 億円	100%
職員給与費	110 億円	86%
賞与等引当金繰入額	7 億円	5%
退職手当引当金繰入額	7 億円	5%
その他	4 億円	3%

※割合は四捨五入のため100％になりません

図表3－25　人件費の内訳

ことです。すなわち、職員や首長など特別職に対しての給料・各種手当・共済
費などです。「賞与等引当金繰入額」は、本章第2節で説明した賞与等引当金
の当該年度発生額をいいます。「退職手当引当金繰入額」も同節で説明した退
職手当引当金の当該年度発生額をいいます。これら賞与等引当金繰入額と退職
手当引当金繰入額の費用は、今までの現金主義会計では把握されていなかった
経費であり、人件費の約1割であることに注目してください。なお、「その他」
は上記以外の人件費ということになります。主な内容としては、議員報酬、委
員報酬、非常勤職員報酬などが該当します。
　人件費の8割以上を占めている職員給与費は住民や議員からも常に注目され

ている経費です。

④物件費等

科目	金額	割合
物件費等	155 億円	100%
物件費	102 億円	66%
維持補修費	7 億円	5%
減価償却費	46 億円	30%
その他	0 億円	0%

※割合は四捨五入のため100%になりません

図表3－26　物件費の内訳

　物件費等は、「物件費」、「維持補修費」、「減価償却費」及び「その他」に分類して表示します。

　「物件費」は、職員旅費、委託料、消耗品や備品購入費といった、消費的な性質の経費であって、資産計上（固定資産台帳に登載しない）されない費用です。「維持補修費」は、資産の機能維持のために必要な修繕費等をいいます。「減価償却費」は、一定の耐用年数に基づき計算された、当該期間中の負担となる資産価値減少金額をいいます。この減価償却費を把握するために発生主義会計を導入する必要性があったともいえる経費であり、大変重要な科目です。「その他」は上記以外の物件費となります。主なものとしては自動車損害保険料等が該当していましたが、令和元年8月に統一的な基準による地方公会計マニュアルの改訂があり、その他の業務費用のその他に変更になりました。

　これは、火災保険料が改訂前からその他の業務費用となっていたことから、「火災保険料」と「損害保険料等」に違いを持たせる意義が少ないため保険料を統一したということです

　習志野市は、図表3－26のとおり、物件費等の中でも物件費が102億円で全体の66％を占めています。この物件費は今までの現金主義会計でも分析が可能なデータです。維持補修費が7億円で5％を占めています。この維持補修費は、施設別のコストとしてセグメント分析が必要なデータとなります。また、減価償却費が46億円で30％を占めています。この減価償却費は、実際に現金が支出されるわけではありませんが、施設の更新を考えるうえで、上述の維持補修費と併せて分析をする必要があります。この減価償却費は資産として計上されたものが、耐用年数に応じて当該年度の費用として計上されることになりま

す。このことから、1年間のフルコストを算定するうえでも重要なものになります。その他は、1億円に満たない約780万円の費用計上ですので全体からすると僅少な金額であるといえます。

⑤その他の業務費用

その他の業務費用は、「支払利
息」、「徴収不能引当金繰入額」及
び「その他」に分類して表示しま
す。

科目	金額	割合
その他の業務費用	7 億円	100%
支払利息	3 億円	43%
徴収不能引当金繰入額	1 億円	14%
その他	3 億円	43%

図表3-27 その他の業務費用の内訳

「支払利息」は、自治体が発行
している地方債等に係る利息負担金額をいいます。簡単にいえば、借金の支払
利息ということです。現行の現金主義会計（官庁会計）では、公債費という支
出項目で借入金の元金の返済と利息を併せて計上しています。これに対し発生
主義会計では、借金の元金返済部分は、負債である地方債の残額を減額処理し
ますが、支払利息は別に費用計上するという処理をすることになります。

「徴収不能引当金繰入額」は、徴収不能引当金の当該会計年度の発生額をい
います。この項目も発生主義会計独自の科目です。現金主義会計では、税収な
どの未収金は、時効などが成立した際には、その債権を放棄します。その際の
会計処理として、債権金額を不納欠損額として処理します。一方、徴収不能引
当金繰入額とは、不納欠損の処理が行われていないけれども債権金額の回収見
込みがない場合に、その一定額を貸借対照表に計上するとともに、当該年度の
費用として行政コスト計算書に計上するものです。

「その他」は、不納欠損処理のときの費用、火災保険料、貸付に付随する貸
付費用、未払金に計上されていない場合の償還金などが該当します。

習志野市では支払利息が3億円、徴収不能引当金繰入額が1億円となってい
ます（図表3-27）。徴収不能引当金繰入額は、全体の経常費用の金額からした
ら少ないかもしれませんが、今後は、債権管理の側面から金額の推移を注意す
る必要があります。また、その他は3億円となっています。行政コスト計算書

上からは詳細は分かりませんが、分類が難しい経費ですので、場合によっては内訳を確認することも必要かもしれません。

⑥移転費用

　移転費用は、「補助金等」、「社会保障給付」、「他会計への繰出金」及び「その他」に分類して表示します。

　「補助金等」は、政策目的による補助金等をいいます。具体的には法令上支出義務を負わされている負担金、事業費補助金や団体育成型補助金などの任意補助金、政務活動費などの交付金などが該当します。この科目は重要性が高いので、附属明細書の中で「補助金等の明細」として支出目的などの内容が求められています（図表3－28）。ちなみに、行政コスト計算書の中で、附属明細書が求められているのは、この「補助金等」だけです。

　ところで、この補助金の附属明細書の中で、「他団体への公共施設等整備補助金等（所有外資産分）」がある場合は、注意が必要です。もともと、総務省の公会計に関する研究会でも、所有外資産につき貸借対照表に何らかの形で計上すべきではないかという意見があったほどです。他自治体の所有資産であるこ

区分	名称	相手先	金額	支出目的
他団体への公共施設等整備補助金等（所有外資産分）	3・3・3号線他街路整備事業負担金	千葉県	33,830,975	街路整備
	四市複合事務組合運営費（葬祭）施設整備負担金	四市複合事務組合	209,057,297	斎場整備
	以下省略			
	計		1,324,275,720	
その他の補助金等	千葉県後期高齢者医療費広域連合負担金	千葉県後期高齢者医療広域連合	1,155,724,819	後期高齢者医療
	私立幼稚園奨励費助成金	私立幼稚園在園対象者	217,414,770	児童福祉
	以下省略			
	計		2,670,155,523	
合計			3,994,431,243	

2．行政コスト計算書の内容に関する明細
（1）補助金等の明細
（単位：円）

図表3－28　附属明細書（補助金等の明細）

とから、資産の2重計上になってしまうのではないかなどの意見がありました。加えて筆者は、「そもそも資産としての把握が実務的に難しい」と意見しました。結局、貸借対照表には計上せず、補助金等の明細の中で所有外資産分として把握することになりました。所有外資産であっても、資産更新時に応分の負担が求められるということを留意する必要があります。

「社会保障給付」は、社会保障給付としての扶助費等のことです。具体的には国や県の制度によるもので、生活保護費、障害者手当、児童手当などと、自治体独自の制度による見舞金や給付金などが該当します。

「他会計への繰出金」は、一般会計から特別会計に対する予算の相互充当のために支出される経費をいいます。習志野市では、国民健康保険特別会計繰出金、介護保険特別会計繰出金、後期高齢者医療特別会計繰出金などが該当します。

「その他」は、移転費用のうち、補助金等、社会保障給付、他会計への繰出金以外の経費をいいます。主なものとしては、補償補填及び賠償金や寄附金支出などが該当します。

科目	金額	割合
移転費用	209 億円	100%
補助金等	40 億円	19%
社会保障給付	125 億円	60%
他会計への繰出金	43 億円	21%
その他	0 億円	0%

※金額の合計は四捨五入のため一致しません

図表3-29　移転費用の内訳

習志野市の例をみると、移転費用全体のうち、特に社会保障給付の割合が60％であり（図表3-29）、この部分は少子高齢化などと施策に関連したものであり、国の動向を含めて、議会・議員も注視していく必要があります。また、補助金等については、財源が限られている中で、その必要性を精査していくべきでしょう。

⑦経常収益

経常収益は、「使用料及び手数料」及び「その他」に分類して表示されます。ここでいう「収益」とは、使用料等の対価性のある収入のみを意味しています（図表3-30）。

科目	金額	割合
経常収益	30 億円	100%
使用料及び手数料	13 億円	43%
その他	17 億円	57%

図表3-30　経常収益の内訳

「使用料及び手数料」は、自治体がその活動として一定の財・サービスを提供する場合に、財・サービスの対価として使用料・手数料の形態で徴収する金銭をいいます。

「その他」は、使用料及び手数料以外の経常収益をいいます。主なものとしては、財産運用収入、延滞金、預金利子、受託事業収入、雑入など多岐にわたります。

　ここで注意する必要があるのは、税収等の収入が、①直接的な対価性の収入でないこと、②住民からの出資であるとする考えのもと、この行政コスト計算書には計上されず、純資産変動計算書に記載されることになったということです。このことを再度、確認していただければと思います。受益者負担となる使用料及び手数料が適正なものであるかは注視していく必要があります。

⑧純経常行政コスト

　ここまで説明してきた内容を整理することにより、経常費用から経常収益を差し引いた金額を、「純経常行政コスト」として算出することができます。

図表3-31　純経常行政コストの計算方法

　習志野市では、経常費用が499億円であるのに対して、経常収益が30億円しかないことが分かります（図表3-31）。経常費用を経常収益からは約6％程度しか賄えていません。この比率（経常収益÷経常費用×100）を、「受益者負担比率」ともいいます。

　要するに470億円の純経常行政コスト、損益計算書でいうところの973億円の

赤字をどのような財源で賄っていくのかについては本章第4節の純資産変動計算書で説明することになります。

⑨臨時損失

臨時損失とは、その名称のとおり、臨時的に発生するものをいいます。臨時損失は、「災害復旧事業費」、「資産除売却損」、「投資損失引当金繰入額」、「損失補償等引当金繰入額」及び「その他」に分類して表示されます。

科目		金額	割合
臨時損失		2 億円	100%
	災害復旧事業費	0 億円	0%
	資産徐売却損	2 億円	100%
	投資損失引当金繰入額	－	－
	損失補償等引当金繰入額	－	－
	その他	0 億円	0%

図表3－32　臨時損失の内訳

「災害復旧事業費」は、災害復旧に関する費用をいいます。

「資産除売却損」の科目には2つの意味があります。ひとつは、資産の「売却損」です。これは、資産の売却による収入が帳簿価額を下回る場合の差額をいいます。もうひとつは、資産の「除却損」です。これは、除却した資産の除却時の帳簿価額をいいます。

「投資損失引当金繰入額」は、投資損失引当金の当該年度の発生額をいいます。具体的な事例で説明すると、自治体が出資した団体への出資金は、投資その他の資産の「出資金」に資産計上されます。その際、出資した団体の業績が悪化した場合などに、投資損失引当金を貸借対照表に間接表示します。例えば1億円を出資した団体の出資金に対して3千万円の資産価値しかないとなったときに、貸借対照表には1億円の出資金と7千万円の投資損失引当金を計上し、実質的な出資金が3千万円になったということを表示するのです。これは資産債務改革の観点から、住民や議会に必要な情報を提供するために重要なものです。このように、資産に対して損失引当金として7千万円を計上した場合は、併せて、行政コスト計算書において7千万円の投資損失引当金繰入額という科目で費用の計上をします。

「損失補償等引当金繰入額」は、損失補償等引当金の当該年度の発生額をい

います。損失補償等引当金は、履行すべき額が確定していない損失補償債務等のうち、「地方公共団体の財政の健全化に関する法律」の規定により、将来負担額を計上した場合には、同額を臨時損失（損失補償等引当金繰入額）として計上します。

「その他」は、上記以外の臨時損失であり、業務外での債権を不納欠損処理した場合などが該当します。

習志野市の場合、臨時損失の総額が約2億円であり、経常費用の1％未満です（図表3-32）。この臨時的損失の比重が高い場合などは、その原因を含めて、長期的な経営判断を実施する必要があります。

⑩臨時利益

科目	金額	割合
臨時利益	316 万円	100%
資産売却益	167 万円	53%
その他	149 万円	47%

※対象金額が1億円に満たないため万円単位としています

図表3-33　臨時利益の内訳

臨時利益は、臨時に発生する収益をいいます。臨時利益は、「資産売却益」及び「その他」に分類して表示されます。

「資産売却益」は、資産の売却による収入が帳簿価額を上回る場合の差額をいいます。「その他」は、資産売却益以外の臨時利益を計上します（図表3-33）。

臨時利益は、地方独立行政法人会計基準等の取扱いを踏まえ、収益のうち臨時に発生するものを「臨時利益」として切り分けた経緯があります。

臨時利益の中でも、特に押さえておきたいのは、資産売却益です。資産売却益を含めた資産売却収入などは、経常経費の財源とはせずに、公共施設の更新のために基金として積み立てる判断をすることも今後は必要となってくるからです。習志野市公共施設等再生整備基金条例には、その旨の規定を置いています（第3条）。

（参考）

○習志野市公共施設等再生整備基金条例

　（積立て）

第三条　基金として積み立てる額は…〔中略〕…不動産売払収入額のう
　　　ち、一般会計歳入歳出予算に定める額とする。

⑪純行政コスト

　純行政コストは、純経常行政コストに臨時損失を加え、臨時利益を差し引い
たものになります（図表3−34）。

図表3−34　純行政コストの計算方法

　行政コスト計算書中の「純経常行政コスト」と「純行政コスト」の計算式が
令和元年8月（統一的な基準による地方公会計マニュアル）に変更となりました。
そもそも行政コスト計算書はマニュアルの中でもPL（Profit and Loss state-
ment）として紹介されているところです。企業会計では損益計算書と呼ばれて
います。同じ、「PL」であっても統一的な基準においては、税収等の財源の
配分を目的としており、企業のような利益の獲得を目的とすることと同様の
「損益計算書」でなく、費用を明らかにするために「行政コスト計算書」が作
成されています。

　このことから、当初のマニュアルでは損益計算書の考え方の計算式でした。
具体的には

経常収益−経常費用＝純経常行政コスト

純経常行政コスト＋臨時利益−臨時損失＝純行政コスト

となり、通常は経常収益より経常費用が大きくなることから、「純経常行政コスト△金額」及び「純行政コスト△金額」の表記となります。損益計算であれば、△金額ということで損の金額ということで分かりやすいのですが、統一的な基準での名称が「純経常行政コスト」及び「純行政コスト」ということから、コストの表記でマイナスである「△」が分かりづらいことから「△」が削除されました。

　計算式で示すと本書の図表3-31及び図表3-34で示したように

経常費用－経常収益＝純経常行政コスト

純経常行政コスト＋臨時損失－臨時利益＝純行政コスト

ということになります。自治体の主な収入である税収等が行政コスト計算書の収益とされず、純資産変動計算書の財源として計算することになったことにより、費用が収益を上回ることがないということが前提となっています。

ざっくりポイント

行政コスト計算書で計算される「コスト」こそが、今後の自治体経営の判断材料となるコストとなります。現金主義会計の支出（厳密な意味でのコストではありません）との違いを理解しましょう！

第 4 節　純資産変動計算書

◆ 純資産変動計算書からは、会計期間中の自治体の純資産の変動がつかめる

　純資産変動計算書は、会計期間中の自治体の純資産の変動、すなわち政策形成上の意思決定又はその他の事象による純資産変動及びその内部構成を明らかにすることを目的として作成されます。

　貸借対照表に表示のある純資産の明細書、ともいえます。新地方公会計の特徴でもありますが、「フロー情報である損益取引（費用及び収益）のみならず、純資産及びその内部構成を変動させる損益外の資本取引等をも網羅するべき」との考えがあります。

　自治体が予算等の政策上の意思決定を住民の利益に合致させるうえで、損益以外の、投資的事業への財源・資源分配を表すことが特に重要だという考えの表れです。

　純資産変動計算書は、「純行政コスト」、「財源」、「固定資産等の変動（内部変動）」、「資産評価差額」、「無償所管換等」及び「その他」に区分して表示されます。この純資産変動計算書のほかに、一会計期間中の経常的事業及び投資的事業の内訳に係る附属明細書を作成することも求められています。

　筆者は、統一的な基準の制度設計を決める総務省の会議の中で、会計帳簿から誘導的に作成することができない純資産変動計算書は、特に「財源内訳などは附属明細書等で表すような配慮をしてほしい」との意見をしました。結果的には、実務的な負担の軽減や理解のしやすさという観点から現行のような、簡素な形の書式となりました。

◆ 純資産変動計算書を読み解いていこう

　以下、習志野市の「純資産変動計算書」を例にとり、構成要素の数字を基にして解説をしていきます（図表 3 - 35）。

純資産変動計算書
自　平成30年(2018年) 4月1日
至　平成31年(2019年) 3月31日

習志野市［一般会計等］　　　　　　　　　　　　　　　　（単位：円）

科　　目	合　　計	固定資産 等形成分	余剰分 （不足分）
前年度末純資産残高	341,246,059,535	398,362,951,502	△ 57,116,891,967
純行政コスト（△）	△ 47,228,234,765		△ 47,228,234,765
財源	46,416,737,596		46,416,737,596
税収等	34,946,511,825		34,946,511,825
国県等補助金	11,470,225,771		11,470,225,771
本年度差額	△ 811,497,169		△ 811,497,169
固定資産等の変動（内部変動）		2,026,718,221	△ 2,026,718,221
有形固定資産等の増加		7,850,913,547	△ 7,850,913,547
有形固定資産等の減少		△ 4,913,805,616	4,913,805,616
貸付金・基金等の増加		2,923,892,898	△ 2,923,892,898
貸付金・基金等の減少		△ 3,834,282,608	3,834,282,608
資産評価差額	18,876,390	18,876,390	
無償所管換等	68,560,070	68,560,070	
その他	0	0	0
本年度純資産変動額	△ 724,060,709	2,114,154,681	△ 2,838,215,390
本年度末純資産残高	340,521,998,826	400,477,106,183	△ 59,955,107,357

図表 3 −35　純資産変動計算書

①前年度末純資産残高

　前年度末である純資産残高は前年度の純資産変動計算書の「本年度末純資産残高」となります。具体的には図表3−36のとおりです。ここでも、分かりやすくするために表示金額を億円単位とします。

【本年度末純資産残高の内訳】
　固定資産等形成分　　398,362,951,502円　⇒　　3,984億円
　余剰分（不足分）　　△57,116,891,967円　⇒　　△571億円

図表3−36　平成29年度（前年度）純資産変動計算書

②純行政コスト

　純資産変動計算書の純行政コストは、行政コスト計算書の収支尻である純行政コストと連動します。また、純資産変動計算書の各表示区分である「固定資産等形成分」と「余剰分（不足分）」の収支尻は、貸借対照表の純資産の部の「固定資産等形成分」と「余剰分（不足分）」と連動します。

　習志野市の純資産変動計算書と行政コスト計算書は図表3−37のとおりです。

図表3−37　純行政コスト（純資産変動計算書と行政コスト計算書）

　純資産変動計算書は、貸借対照表の純資産の部の表示区分である「固定資産等形成分」及び「余剰分（不足分）」が、一会計期間にどのように変動しているのかを表すことを目的としていますので、その表示区分による増減の状況を

示しています。

　貸借対照表は決算日における資産・負債・純資産の残高の状況を表すことを
目的としており、これの追加情報として純資産変動計算書によって一会計期間
の増減を示しているのです。この純資産の変動の状況は、自治体経営にとって
重要な情報であるからです。

③財源

　財源は、「税収等」及び「国県等補助金」に分類して表示します。「税収等」
とは、地方税、地方交付税及び地方譲与税等をいいます。国県等補助金は、
「国庫支出金」及び「都道府県支出金等」をいいます。

　習志野市の財源内訳は図表3－38のとおりです。この表から分かるのは、財
源の7割以上が税収等で賄われているということです。

科　目	合　計	固定資産等形成分	余剰分（不足分）
財源	464億円		464億円
税収等	349億円		349億円
国県等補助金	115億円		115億円

図表3－38　財源の内訳

　財源の情報としては、当該年度の固定資産の形成等にあたってどのような財
源を用いて整備したのかといった「フロー情報」と当該自治体における資産
（純資産）がどのような財源によって構成されているのかといった「ストック
情報」があります。

　フロー情報は、有用性の面からは、当該年度の財政運営状況の評価におい
て、税収等の一般財源を多く用いたのか、それとも国県等補助金の活用を行っ
たのかなど、財源の内訳を示すことは分析に役立つことと、財源情報は当該年
度の決算情報等から把握可能であるという実務負担を考慮して、フロー情報を
記載することになりました。

　一方、ストック情報は、過去の資産形成等にどのような財源を多く用いてき

3. 純資産変動計算書の内容に関する明細

(1) 財源の明細

(単位：円)

会計	区分	財源の内容		金額
一般会計	税収等	地方税		28,619,783,198
		地方譲与税		270,810,493
		地方交付金		3,326,257,000
		地方特例交付税		148,107,000
		地方交付税		1,441,737,000
		交通安全特別交付金対策特別交付金		16,449,000
		分担金及び負担金		1,105,184,605
		寄附金		18,183,529
		小計		34,946,511,825
	国県等補助金	経常的補助金	国庫補助金	7,424,236,138
			県支出金	3,215,187,071
			計	10,639,423,209
		臨時的補助金	国庫補助金	202,000
			県支出金	1,053,562
			計	1,255,562
		資本的補助金	国庫補助金	827,573,000
			県支出金	1,974,000
			計	829,547,000
		小計		11,470,225,771
		合計		46,416,737,596

(2) 財源情報の明細

(単位：円)

区分	金額	内訳			
		国県等補助金	地方債	税収等	その他
純行政コスト	47,228,234,765	10,640,678,771	1,537,006,000	28,677,103,899	6,373,446,095
有形固定資産等の増加	7,850,913,547	829,547,000	5,519,200,000	826,635,775	675,530,772
貸付金・基金等の増加	2,923,892,898	0	0	2,865,627,557	58,265,341
その他	－	－	－	－	－
合計	58,003,041,210	11,470,225,771	7,056,206,000	32,369,367,231	7,107,242,208

図表3－39　財源の附属明細書

たのかということの傾向が分かるものの、これを評価・分析して財政運営に役立てるところまではつながりにくく、その割には、正確な情報がない過去の財源情報を調べなければいけないなどの実務負担が多大となることから、財源内訳の把握と減価償却に係る財源内訳の算定については調査対象から外れた経緯があります。その代わりではありませんが、フローに係る財源情報を附属明細書により開示することになりました。

　習志野市の附属明細書は図表3－39のとおりです。

　財源の明細を確認することにより自主財源の税収等や依存財源の地方交付税などの状況や国県等補助金のうち資産の取得に伴う資本的支出なども確認することができます。

　財源情報の明細では、固定資産等の増加のうち地方債である借金がどのくらいあるのかなども確認できます。その他は「減価償却費等」になります。

④固定資産等の変動（内部変動）

　固定資産等の変動（内部変動）は、「有形固定資産等の増加」、「有形固定資産等の減少」、「貸付金・基金等の増加」及び「貸付金・基金等の減少」に分類して表示します。

科　目	合　計	固定資産等形成分	余剰分（不足分）
固定資産の変動（内部変動）		20億円	△20億円
有形固定資産等の増加		78億円	△78億円
有形固定資産等の減少		△49億円	49億円
貸付金・基金等の増加		29億円	△29億円
貸付金・基金等の減少		△38億円	38億円

図表3－40　固定資産等の変動の内訳

　習志野市の事例で説明をします（図表3－40）。この固定資産の変動というのは内部変動であり、純資産の増減はすでに考慮ずみですので、新たに、この純資産変動計算書での「固定資産の変動（内部変動）」で純資産の金額が増減するものではありません。

　有形固定資産等の増加は、有形固定資産及び無形固定資産の形成による保有資産の増加額又は有形固定資産及び無形固定資産の形成のために支出（又は支出が確定）した金額をいいます。

　例えば、建物という資産を 1 億円で取得して現金を支払った場合、建物の金額が 1 億円増加し、現金預金が 1 億円減少するという取引の結果が、貸借対照表に表示されます。この取引を純資産変動計算書の内訳として計上するにはどうしたらよいでしょうか？　この場合、「有形固定資産等の増加」の科目欄で「固定資産等形成分」のプラス 1 億円と「余剰分（不足分）」のマイナス 1 億円を計上すれば、プラスマイナス 0 ということになります。要するに、「固定資産等形成分」がプラスの場合は「余剰分（不足分）」をマイナスとして仕訳をするイメージです。以下、同じように考えてもらえれば理解できると思います。

　有形固定資産等の減少は、有形固定資産及び無形固定資産の減価償却費相当額及び除売却による減少額又は有形固定資産及び無形固定資産の売却収入（元本分）、除却相当額及び減価償却費相当額をいいます。

　貸付金・基金等の増加は、貸付金・基金等の形成による保有資産の増加額又は新たな貸付金・基金等のために支出した金額をいいます。

　貸付金・基金等の減少は、貸付金の償還及び基金の取崩し等による減少額又は貸付金の償還収入及び基金の取崩収入相当額等をいいます。

⑤その他の表示区分

　「純資産変動計算書」のその他の表示区分に、「資産評価差額」、「無償所管換等」及び「その他」があります。

　「資産評価差額」は、有価証券等の評価差額をいいます。「無償所管換等」は、無償で譲渡又は取得した固定資産の評価額等をいいます。「その他」は、上記以外の純資産及びその内部構成の変動をいいます。

　固定資産等の変動は内部変動であり、純資産の金額に増減の影響がないと上述しました。では、資産評価差額や無償所管換等はどうでしょうか。例えば、

科　　目	合　　計	固定資産等形成分	余剰分（不足分）
資産評価差額	18,876,390円	18,876,390円	
無償所管換等	68,560,070円	68,560,070円	
その他	0円	0円	0円

※　億円以下のため円単位で表示しています。

図表3-41　その他の表示区分の内訳

　1億円の建物をもらった場合を例にとります。まず、貸借対照表の資産の部の「建物」に1億円が計上されます。建物を"もらった"わけですから、現金預金は減りません。つまり、純資産が増えたということになります。貸借対照表の「資産」と「純資産」がそれぞれ1億円増えたということです。純資産変動計算書は貸借対照表の純資産の内訳ですので、この場合ですと「無償所管換等」の科目の欄で、固定資産等形成分として1億円を計上することになります。この事例では、余剰分（不足分）はないので、「／」でしめることになります。

　習志野市においては「その他」の該当がありません。該当がある事例は、実際にはあまりありません（図表3-41）。

⑥本年度末純資産残高

科　　目	合　　計	固定資産等形成分	余剰分（不足分）
本年度末純資産残高	3,405億円	4,005億円	△600億円

図表3-42　本年度末純資産残高の内訳

　本年度末純資産残高は、貸借対照表の純資産の部の合計額とその内訳である「固定資産等形成分」と「余剰分（不足分）」と一致します。

　習志野市もそうですが、本年度末純資産が3,405億円であるのに対し、内訳の固定資産等形成分4,005億円となり、それに伴い600億円の不足分であること

が分かります（図表3 – 42）。おそらく、この内訳が余剰分になる自治体はない
のではないのでしょうか？　どこまでの金額の不足分であれば望ましい金額で
あるのかは、今後の検討課題となってきます。

ざっくりポイント

純資産変動計算書は「財源」の中身が大切です。行政コス
ト計算書の「コスト」に見合っているのかを考えてみる必
要があります。

第5節　資金収支計算書

◆ 資金収支計算書からは、資金の利用状況と獲得能力が分かる

　「資金収支計算書」は、自治体の資金収支の状態、すなわち自治体の内部者（首長、議会、補助機関等）の活動に伴う資金利用状況及び資金獲得能力を明らかにすることを目的として作成されます。

　統一的な基準においては、資金収支計算書の作成（会計処理）及び表示ともに、「直接法」を採用しています。直接法とは現金の支出や収入ごとに経理する方法です。現金主義会計における官庁会計と同じ経理処理ともいえます。民間の場合は、損益計算書が基本として作成されますので、この損益計算書から現金の動きを加減してキャッシュフロー計算書（民間の場合には資金収支計算書と呼びませんが、同様の書類です）を作成するのが、一般的であり、この方法による作成は「間接法」と呼ばれています。

　資金収支計算書は、企業会計の考え方を基本として、分かりやすい表示方法が総務省の研究会において検討され、「業務活動収支」、「投資活動収支」及び「財務活動収支」の3区分により表示することとされました。

　なお、歳計外現金は、資金収支計算書の資金の範囲に含めません。ただし、資金収支計算書の欄外注記として、前年度末歳計外現金残高、本年度歳計外現金増減額、本年度末歳計外現金残高及び本年度末現金預金残高を表示します。資金収支計算書の収支尻（本年度末資金残高）に本年度末歳計外現金残高を加えたものは、貸借対照表の資産の部の現金預金勘定と連動します。

◆ 資金収支計算書を読み解いていこう

　以下、習志野市の資金収支計算書を例にとり、構成要素の数字を基にして解説をしていきます（図表3－43）。

資金収支計算書

自 平成30年(2018年) 4月1日
至 平成31年(2019年) 3月31日

習志野市［一般会計等］ (単位：円)

科　　　　　目	金　　額
【業務活動収支】	
業務支出	45,415,499,004
業務費用支出	24,511,960,903
人件費支出	13,041,113,166
物件費等支出	10,897,007,498
支払利息支出	252,712,467
その他の支出	321,127,772
移転費用支出	20,903,538,101
補助金等支出	3,994,431,243
社会保障給付支出	12,549,364,021
他会計への繰出支出	4,330,584,782
その他の支出	29,158,055
業務収入	48,574,323,164
税収等収入	34,997,246,894
国県等補助金収入	10,639,423,209
使用料及び手数料収入	1,342,483,533
その他の収入	1,595,169,528
臨時支出	1,697,856
災害復旧事業費支出	1,697,856
その他の支出	0
臨時収入	1,255,562
業務活動収支	3,158,381,866
【投資活動収支】	
投資活動支出	10,746,430,033
公共施設等整備費支出	7,592,472,098
基金積立金支出	2,525,123,935
投資及び出資金支出	5,834,000
貸付金支出	623,000,000
その他の支出	0
投資活動収入	4,791,092,699
国県等補助金収入	829,547,000
基金取崩収入	3,304,437,389
貸付金元金回収収入	633,615,400
資産売却収入	23,492,910
その他の収入	0
投資活動収支	△ 5,955,337,334
【財務活動収支】	
財務活動支出	4,370,383,679
地方債償還支出	4,237,594,759
その他の支出	132,788,920
財務活動収入	7,206,206,000
地方債発行収入	7,206,206,000
その他の収入	0
財務活動収支	2,835,822,321
本年度資金収支額	38,866,853
前年度末資金残高	2,375,303,105
本年度末資金残高	2,414,169,958
前年度末歳計外現金残高	1,267,398,999
本年度歳計外現金増減額	17,880,544
本年度末歳計外現金残高	1,285,279,543
本年度末現金預金残高	3,699,449,501

図表 3 −43　資金収支計算書

事 例

①現金預金（貸借対照表）と本年度末現金預金残高（資金収支計算書）

　貸借対照表の現金預金の内訳が資金収支計算書であることを、習志野市の財務書類から確認していきましょう。

```
【貸借対照表：資産の部：流動資産】
　現金預金　　　　　　3,699,449,501円　⇒　 37億円

【資金収支計算書：本年度末現金預金残高】
　　　　　　　　　　　3,699,449,501円　⇒　 37億円
```

図表3－44　現金預金（貸借対照表・資金収支計算書）

　習志野市の貸借対照表の「現金預金」の残高は、37億円でした（図表3－10）。一方、資金収支計算書の本年度末現金預金残高も37億円であることが分かります（図表3－43）。これまで習志野市の財務書類の金額の単位を、分かりやすさの観点から億円単位に切り上げて説明してきました。ここからは、習志野市の資金収支計算書上の現金預金の残高が37億円であることから、内容により百万円単位で説明をしていきます（図表3－44）。

②資金収支計算書の残高の計算

　資金収支計算書は現金預金の増減を記帳することから、現金主義会計のおこづかい帳と同じような考え方で作成されます。例えば、毎月のおこづかい帳の残高は、前月からの繰越しのお金に今月のおこづかいの金額を加えて、使ったお金を差し引けば今月のおこづかいの残高になります。

　資金収支計算書の計算の仕方が少し違うのは、「歳計現金」と「歳計外現金」と分けていることです。なぜならば、歳計外現金は職員の給与から預かった源泉所得税や住民税などの預り金が含まれているからです。このような歳計外現金を除いて表示した方が、本来の自治体のお金の流れが分かるからです。歳計現金をここでは「資金」として表示します。この資金の増減ということで「資

金収支計算書」と呼ばれていることからもお分かりいただけると思います。この
のことから、資金収支計算書の欄外で歳計外現金の残高を加えることで、現金
預金の残高が貸借対照表の現金預金残高と一致することになります。

　習志野市の事例で確認していきます。

	資金（歳計現金）	歳計外現金	計
前年度末残高	2,375百万円	1,267百万円	3,642百万円
本年度増減額	39百万円	18百万円	57百万円
本年度末残高	2,414百万円	1,285百万円	3,699百万円

図表3-45　現金預金の本年度末残高

　資金と歳計外現金の本年度末残高の36億9千9百万円の内訳が図表3-45の
とおりです。資金収支計算書の目的は、本年度増減額がどのような内容である
かを表示することです。資金とは歳計現金のことです。歳計外現金は、増減の
内訳は必要とはせず残額だけでかまいません。総務省のマニュアルでも、本年
度歳計外現金増減額の仕訳は年度末に増減総額をもって処理してもよいとされ
ています。

　資金収支計算書の内容に関する明細として、附属明細書で資金の明細の開示
が求められています。

4．資金収支計算書の内容に関する明細
（1）資金の明細　　　　　　　　　　　　　　　　　　　（単位：円）

種類	本年度末残高
要求払預金	2,414,169,958
合計	2,414,169,958

図表3-46　資金の明細（附属明細書）

　図表3-46の本年度末残高は「資金（歳計現金）」のみです。内訳としては、
主に預金として保管の要求払預金となっています。習志野市では、歳計現金は
ペイオフ対策として利息は付きませんが指定金融機関へ決済性預金として預け

ているか、指定金融機関へ定期預金等として保管しているのが現状です。

　出納整理期間中もあることから資金の内訳の詳細は難しいと思います。

③業務活動収支

　業務活動収支は、「業務支出」、「業務収入」、「臨時支出」及び「臨時収入」に分類して表示します。

　行政コスト計算書の表示項目との違いは、各項目の後ろに「支出」又は「収入」の文字がついている点です。ちなみに、行政コスト計算書は、各項目の後ろに「費用」又は「収益」の文字がついていますので覚えていただければと思います。

　習志野市の資金収支計算書を図表3−47のとおり組み替えてみました。

業務収入 48,574百万円	−	業務支出 45,415百万円	=	差引（A） 3,159百万円
臨時収入 1百万円	−	臨時支出 2百万円	=	差引（B） △1百万円
差引（A） 3,159百万円	+	差引（B） △1百万円	=	業務活動収支 3,158百万円

図表3−47　業務活動収支の計算方法

　この計算書からは業務活動の収入と支出の差額を計算します。ここで、マイナスの数字がでるような自治体であるとすれば、それは財政的に危機的であるといえます。なぜなら、この業務活動収支がマイナスつまり赤字ということは、個人で例えれば、通常の給与収入で食費や住居費などの経常的な支出を賄えないということです。

　臨時収入と臨時支出はそれぞれ200万円以下であり、全体の割合からしてきわめて僅少であり、財政的に大きな影響はないと思われます。

④業務支出

業務支出は、「業務費用支出」
及び「移転費用支出」に分類して
表示します（図表 3 −48）。

科目	金額	割合
業務支出	454 億円	100%
業務費用支出	245 億円	54%
移転費用支出	209 億円	46%

図表 3 −48　業務支出の内訳

行政コスト計算書の経常費用の
「業務費用」が291億円であるのに対して（図表 3 −23）、資金収支計算書の「業務費用支出」は245億円であり、その差額は発生主義会計独特の費用である「減価償却費」の46億円が業務費用支出では計上されないのが主な差です。一方、行政コスト計算書の「移転費用」と資金収支計算書の「移転費用支出」は現金の支出のみが対象であることから209億円とほぼ同額になっています。

⑤業務費用支出

業務費用支出は、「人件費支出」、「物件費等支出」、「支払利息支出」及び「その他の支出」に分類して表示します。

「人件費支出」は、議員報酬、職員の給料、職員手当等などの人件費に係る支出をいいます。

「物件費等支出」は、講師謝礼などの報償費、旅費、交際費、消耗品費、燃料費、食糧費、印刷製本費、光熱水費、役務費、使用料及び賃借料、資産形成につながらない委託料や工事請負費などに係る支出をいいます。

「支払利息支出」は、地方債等に係る支払利息の支出をいいます。

「その他の支出」は、上記以外の業務費用支出をいいます。主なものとしては、過年度分過誤納還付金、国庫金の過年度還付金などが該当します。

業務費用支出のうち、人件費支
出が130億円で業務費用支出の約
53％で過半数を超えています。物
件費等支出は109億円で業務費用
支出の約44％となっています

科目	金額	割合
業務費用支出	245 億円	100%
人件費支出	130 億円	53%
物件費等支出	109 億円	44%
支払利息支出	3 億円	1%
その他の支出	3 億円	1%

図表 3 −49　業務費用支出の内訳

（図表 3 −49）。支払利息支出は、今までの基準モデルでは、資金収支計算書に

おいて基礎的財政収支（プライマリー・バランス）を計算・開示するという観点を重視しており、そのため投資活動収支に含めて表示する考えをとっていました。この考え方によると、業務活動収支と投資活動収支の合計額として把握することができました。統一的な基準では、資金収支計算書の業務活動収支を行政コスト計算書と比較を可能とすることを優先しました。すなわち、「支払利息支出」は業務費用の支出に分類されることになりました。これに伴い基礎的財政収支（プライマリー・バランス）を計算するのに、業務活動収支から支払利息支出を除いた額となり、資金収支計算書の注記としてその額を表示することになりました。

⑥移転費用支出

　移転費用支出は、「補助金等支出」、「社会保障給付支出」、「他会計への繰出支出」及び「その他の支出」に分類して表示します（図表3−50）。

　「補助金等支出」は、補助金等に係る支出をいいます。「社会保障給付支出」は、社会保障の給付に係る支出をいいます。「他会計への繰出支出」は、他会計への繰出に係る支出をいいます。「その他の支出」は、上記以外の移転費用支出をいいます。主な内容としては、補償補填及び賠償金、寄附金、公課費などが該当します。

科目	金額	割合
移転費用支出	209 億円	100%
補助金等支出	40 億円	19%
社会保障給付支出	125 億円	60%
他会計への繰出支出	43 億円	21%
その他の支出	0 億円	0%

図表3−50　移転費用支出の内訳

　移転費用支出の内訳は、行政コスト計算書の「移転費用」とほぼ同じになります。これは、「支出≒費用」ということです。本章第3節行政コスト計算書の図表3−23を参照していただければと思います。

⑦業務収入

　業務収入は、「税収等収入」、「国県等補助金収入」、「使用料及び手数料収入」及び「その他の収入」に分類して表示します。

「税収等収入」は、都道府県税、市町村税などの地方税、地方譲与税、地方交付税などの税収等の収入をいいます。

「国県等補助金収入」は、国県等補助金のうち、業務支出の財源に充当した収入をいいます。

科目	金額	割合
業務収入	486 億円	100%
税収等収入	350 億円	72%
国県等補助金収入	106 億円	22%
使用料及び手数料収入	13 億円	3%
その他の収入	16 億円	3%

※四捨五入のため内訳と合計の金額が一致しません。

図表3－51　業務収入の内訳

「使用料及び手数料収入」は、使用料及び手数料収入をいいます。

「その他の収入」は、上記以外の業務収入をいいます。主な内容としては、延滞金、加算金及び過料、預金利子、受託事業収入、収益事業収入などが該当します。

業務収入は、自治体の根幹となる収入です。行政コスト計算書においては「経常収益」の中で、「使用料及び手数料」及び「その他」の科目があります（図表3－30）。業務収入の中にも「使用料及び手数料収入」及び「その他の収入」の科目があります。内容は同じです。この「使用料及び手数料収入」と「その他の収入」の合計額は29億であり、業務収入全体の486億円に対しての割合はわずか6％でしかないことが分かります。すなわち、業務収入の大部分は、「税収等収入」350億円と「国県等補助金収入」106億円であることが分かります（図表3－51）。

特に、税収等収入の内訳は、自治体の独自の住民税や固定資産税なのか、国から譲与される地方譲与税なのか、自治体の財源の不均衡を調整するための地方交付税なのか、というのは非常に重要です。この部分については、第2章第4節及び第6節を見直してもらえると理解が深まると思います。

官庁会計の決算の方が詳しく分かるのに、なぜ、資金収支計算書を作成するのかと疑問を持つ方もいると思います。もともと、現行の官庁会計を補完するために発生主義会計の財務書類4表を作成するのですが、この資金収支計算書は現金（資金）の増減により作成されるので、ある意味、現金主義会計と同じということになります。ただ違うのは、収入と支出を3区分に分けたことによ

り、収支の状況により経営判断ができるようになったということです。3区分の収支についてはのちほど解説をしたいと思います。

⑧臨時支出

臨時支出は、「災害復旧事業費支出」及び「その他の支出」に分類して表示します。

科目	金額	割合
臨時支出	170 万円	100%
災害復旧事業費支出	170 万円	100%
その他の支出	−	−

図表3−52　臨時支出の内訳

「災害復旧事業費支出」は、災害復旧事業に係る支出をいいます。「その他の支出」は、上記以外の臨時支出をいいます。

臨時支出は、災害復旧事業費が主なものになります。習志野市は170万円ということなので、支出の総額からみれば金額が僅少であることが分かります（図表3−52）。

⑨臨時収入

科目	金額	割合
臨時収入	126 万円	100%

図表3−53　臨時収入の内訳

臨時収入は、臨時にあった収入をいいます。主なものとしては、国庫支出金や都道府県支出金のうち、業務収入や投資活動収入以外の臨時収入となります。実際は、災害復旧事業費に対する補助金が多いと思います（図表3−53）。

⑩投資活動収支

投資活動収支は、「投資活動支出」及び「投資活動収入」に分類して表示します。

投資活動収支には、一会計期間における自治体の固定資産の取得及び売却並びにその財源としての国庫支出金等の受入、資金の貸付及びその回収、出資金等投資及び売却並びに基金の積立及び取崩し等に関するものが計上されます。簡単にいえば、投資活動収支がプラスの場合は、固定資産などの投資ができて

いない状況で、マイナスの場合
は、固定資産などの投資が行われ
たということです。習志野市は投
資活動収支が60億円マイナスであ
ることが分かります（図表3−
54）。マイナスは決して悪い数字ではないことに留意が必要です。

科目	金額
投資活動収支	△60 億円
投資活動支出	△107 億円
投資活動収入	48 億円

※四捨五入のため内訳と収支の金額が一致しません。

図表3−54　投資活動収支の内訳

⑪投資活動支出

　投資活動支出は、「公共施設等整備費支出」、「基金積立金支出」、「投資及び
出資金支出」、「貸付金支出」及び「その他の支出」に分類して表示します。
　「公共施設等整備費支出」は、有形固定資産等の形成に係る支出をいいま
す。「基金積立金支出」は、基金積立金に係る支出をいいます。「投資及び出資
金支出」は、投資及び出資金に係る支出をいいます。「貸付金支出」は、貸付
金に係る支出をいいます。「その他の支出」は、上記以外の投資活動支出をい
います。

　習志野市においては、公共施設
等整備費支出が76億円で投資活動
支出の約7割を占めています（図
表3−55）。この公共施設等整備
費支出は、自治体の公共施設等総
合管理計画や個別計画のとおりに

科目	金額	割合
投資活動支出	107 億円	100%
公共施設等整備費支出	76 億円	71%
基金積立金支出	25 億円	23%
投資及び出資金支出	0 億円	0%
貸付金支出	6 億円	6%
その他の支出	−	−

図表3−55　投資活動支出の内訳

実施されているのかを確認していく必要があります。財源不足の際は、この公
共施設等整備費支出が十分に予算措置されていない場合があることも注視して
いく必要があります。
　基金積立金支出は25億円支出されています。これは、基金に25億円積み増し
できたということです。この金額は、投資活動収入の基金取崩収入と比べてみ
る必要があります。いくら基金を積み増ししても、それ以上取り崩してしまっ
たら、基金残額が減少する結果になります。

　貸付金支出は６億円の貸付を行ったということです。貸付金自体は現金が減少しても貸付金という資産が増えたということで資産そのものの増減がありません。貸付金のチェックとしては、そもそも運用の１形態か貸付先への政治的な判断があったのかを確認する必要があります。なぜなら、政治的判断による場合は貸付先が自治体の連結団体のこともあり、連結団体としては借入金という負債になるわけです。この場合は、夕張市の事例ではありませんが、出納整理期間を利用した不適切な会計処理がないか注意することも必要です。

　その他の支出は総務省の仕訳事例でも例示されていませんので、対象となる事例は少ないことが推察されます。

⑫投資活動収入

　投資活動収入は、「国県等補助金収入」、「基金取崩収入」、「貸付金元金回収収入」、「資産売却収入」及び「その他の収入」に分類して表示します。

科目	金額	割合
投資活動収入	48 億円	84%
国県等補助金収入	8 億円	14%
基金取崩収入	33 億円	58%
貸付金元金回収収入	6 億円	11%
資産売却収入	0 億円	0%
その他の収入	－	－

※四捨五入のため内訳と合計の金額が一致しません。

図表３－56　投資活動収入の内訳

　「国県等補助金収入」は、国県等補助金のうち、投資活動支出の財源に充当した収入をいいます。「基金取崩収入」は、基金取崩による収入をいいます。「貸付金元金回収収入」は、貸付金に係る元金回収収入をいいます。「資産売却収入」は、資産売却による収入をいいます。「その他の収入」は、上記以外の投資活動収入をいいます。

　国県等補助金収入は、その内容によって区分されています。ここでは投資活動なので、公共施設の整備に伴うものが主なものとなります。

　習志野市の例では基金取崩収入は基金を33億円取り崩したということです（図表３-56）。投資活動支出として、基金積立金支出が25億円であることから（図表３-55）、25億円－33億円で８億円の基金残額が減ったということです。

　貸付金元金回収収入は、貸し付けた元金が返済されたということです。

　資産売却収入は、資産を売却した金額ということになります。紛らわしいのですが、行政コスト計算書の資産売却益は資産の帳簿価額より高く売却できた金額となります。帳簿価額より安く売却した場合は、帳簿価額から売却収入を差し引いた金額を資産除売却損として計上します。

⑬財務活動収支

　財務活動収支は、「財務活動収入」から「財務活動支出」を差し引いたものです。

　財務活動収支は、一会計期間における自治体の地方債等の資金の調達及びその償還に関するものを計上します。すなわち、この財務活動収支がマイナスの場合は地方

科目	金額
財務活動収支	28 億円
財務活動支出	△44 億円
財務活動収入	72 億円

図表3－57　財務活動収支の内訳

債等の借金の返済が行われたということです。習志野市においては財務活動収支が、28億円のプラスとなり、借金が増えたということになります（図表3－57）。

　なお、借金の返済ができるのかを示すものとして、基礎的財政収支（プライマリー・バランス）があります。国は、この基礎的財政収支をプラスにして、国の借金である国債残高を減らすことを目指していますが、実現されていないのが現状です。この基礎的財政収支は、注記として記載することが統一的基準では求められています。習志野市の注記事項の内容は図表3－58のとおりです。

```
基礎的財政収支

    業務活動収支        ＋           3,158,381,866 円
    うち支払利息支出    ＋             252,712,467 円
    投資活動収支        ＋         △ 5,955,337,334 円
    うち基金積立金支出  ＋           2,525,123,935 円
    うち基金取崩収入    △           3,304,437,389 円
    基礎的財政収支                  △ 3,323,556,455 円
```

図表3－58　注記事項より抜粋した基礎的財政収支の内訳

161

⑭**財務活動支出**

　財務活動支出は、「地方債償還支出」及び「その他の支出」に分類して表示します。

　「地方債償還支出」は、地方債に係る元本償還の支出をいいます。「その他の支出」は、上記以外の財務活動支出をいいます。主な内容は、地方債以外の借入金元本の償還、リース資産の本体分リース料の支払などがあります。

科目	金額	割合
財務活動支出	44 億円	100%
地方債償還支出	42 億円	95%
その他の支出	1 億円	2%

※四捨五入のため、内訳と合計の金額及び割合は一致しません。

図表3-59　財務活動支出の内訳

　習志野市は、地方債の償還が42億円であることが分かります（図表3-59）。これは、財務活動収入の地方債発行収入と対比してみていく必要があります。

⑮**財務活動収入**

　財務活動収入は、「地方債発行収入」及び「その他の収入」に分類して表示します。

　「地方債発行収入」は、地方債発行による収入をいいます。「その他の収入」は、上記以外の財務活動収入をいいます。主な内容には、地方債以外の借入金による収入などがあります。

科目	金額	割合
財務活動収入	72 億円	100%
地方債発行収入	72 億円	100%
その他の収入	-	-

図表3-60　財務活動収入の内訳

　習志野市は地方債発行収入が72億円ということが分かります。前述の財務活動支出の地方債償還支出が42億円ということであり、地方債が増額していることが分かります（図表3-60）。

⑯**本年度資金収支額**

　本年度資金収支額は、今まで説明した「業務活動収支」「投資活動収支」「財務活動収支」の合計ということになります。

　では、この3区分についてみていきたいと思います。「業務活動収支」は経

常的な業務ですので、ここはプラスになる必要があります。習志野市は32億円のプラスになっています（図表3－61）。次に「投資活動収支」がマイナスの場合は公共施設整備などの社会資本を整備したということになります。先ほどの、業務活動収支のプラスの範囲での支出が望ましいです。習志野

業務活動収支		32 億円
	業務支出	△454 億円
	業務収入	486 億円
投資活動収支		△60 億円
	投資活動支出	△107 億円
	投資活動収入	48 億円
財務活動収支		28 億円
	財務活動支出	△44 億円
	財務活動収入	72 億円

※四捨五入のため内訳と収支の金額が一致しません。

図表3－61　本年度資金収支額の計算方法

市の投資活動収支はマイナス60億円、業務活動収支がプラス32億円となり、業務活動収支と投資活動収支の合計が28億円のマイナスになります。このマイナス分を地方債の発行すなわち借金をしたことになります。すなわち財務活動収支はプラス28億円となっています。公共施設の再生計画を進めていくうえで十分に検討した結果となっています。一番注意を要することは、3区分の合計がプラスでも、その内訳で、業務活動収支がマイナスで、財務活動収支がプラスの場合です。このような自治体は、借金だのみの財政状況であることが分かります。

ざっくりポイント

資金収支計算書は、本年度資金収支額だけではなく、「業務活動収支」、「投資活動収支」、「財務活動収支」3区分の項目のプラス・マイナスの意味をしっかり理解しましょう。

第6節　注記

◆ 財務書類の記載についての重要事項が書かれる注記

　注記とは、財務書類本体の記載内容に関する重要事項を情報利用者に対して明瞭に表示するために、補足説明として財務書類の末尾等に記載されるものです。

　統一的な基準における注記は、企業会計と共通の注記事項と地方公会計に固有の事項を定める追加情報としての注記事項から構成されています。

　企業会計においても共通して記載の求められている注記事項は、「重要な会計方針」、「重要な会計方針の変更等」、「重要な後発事象」、「偶発債務」があります。

　一方、統一的な基準における追加情報としての注記事項は、自治体の財務書類の内容を理解するために必要と認められる全体的な事項と貸借対照表などの個別の財務書類の事項があります。

◆ 注記を読み解いていこう

　総務省の統一的な基準による地方公会計マニュアル（令和元年8月改訂）を参考として説明します。

　なお、各自治体がそれぞれの創意と工夫により、住民等への説明責任や行政経営に資する注記を作成することを妨げるものではないとされています。

事例

①重要な会計方針

　重要な会計方針として、財務書類作成のために採用している会計処理の原則及び手続並びに表示方法その他財務書類のための基本となる次に掲げる事項を記載します。

(1)　有形固定資産等の評価基準及び評価方法

　　（記載例）

　　原則として取得原価により計上しています。ただし、道路及び水路の敷地のうち、取得原価が不明なもの及び無償で移管を受けたものは備忘価額1円としています。

(2)　有価証券等の評価基準及び評価方法

　　（記載例）

　　　ア．市場価格のある有価証券等

　　　　財務書類作成基準日における時価により計上しています。

　　　イ．市場価格がない有価証券等

　　　　取得原価により計上しています。ただし、実質価額が著しく低下したものについては、相当の減額を行った後の価額で計上しています。

(3)　有形固定資産等の減価償却の方法

　　（記載例）

　　　「○○市固定資産取扱要領」、「リース取引に関する会計基準」及び「○○市物品分類基準」に定める耐用年数に基づき、定額法により算定しています。

(4)　引当金の計上基準及び算定方法

　　（記載例）

　　　ア．徴収不能引当金

　　　　長期延滞債権、未収金、貸付金及び基金貸付金の徴収不能又は回収不能に備えるため、徴収不能見込額又は回収不能見込額を計上しています。

　　　イ．賞与等引当金

　　　　職員に対する賞与の支給に備えるため、将来の支給見込額等のうち、財務書類作成基準日において発生していると認められる金額を計上しています。

　　　ウ．退職手当引当金

　　　　職員に対する退職手当の支給に備えるため、財務書類作成基準日において在職する職員が自己都合により退職するとした場合の退職手当要支給額を計上しています。

(5)　リース取引の処理方法

　　（記載例）

　　ファイナンス・リース取引については通常の売買取引に係る方法に準じた会計処理によっています。

(6)　資金収支計算書における資金の範囲

　　（記載例）

　　　法第235条の4第1項に規定する歳入歳出に属する現金としています。

(7)　その他財務書類作成のための基本となる重要な事項

　　（記載例）

　　　ア．会計間の相殺消去

　　　　会計間の繰入繰出額及び債権債務額を相殺消去した金額で表示しています。

　　　イ．消費税及び地方消費税の会計処理

　　　　税込方式によっています。

②重要な会計方針等の変更

　重要な会計方針を変更した場合には、次に掲げる事項を「重要な会計方針」の次に記載をしなければなりません。統一的な基準の初年度の財務書類はこの部分は該当しないので、次年度以降に記載されることになります。

　(1)　会計処理の原則又は手続を変更した場合には、その旨、変更の理由及び当該変更が財務書類に与えている影響の内容

　(2)　表示方法を変更した場合には、その旨

　(3)　資金収支計算書における資金の範囲を変更した場合には、その旨、変更の理由及び当該変更が資金収支計算書に与えている影響の内容

③重要な後発事象

　「重要な後発事象」として、会計年度終了後、財務書類を作成する日までに発生した事象で、翌年度以降の自治体の財務状況等に影響を及ぼす後発事象のうち、次に掲げるものを記載します。

　(1)　主要な業務の改廃

　(2)　組織・機構の大幅な変更

(3)　地方財政制度の大幅な改正

(4)　重大な災害等の発生

(5)　その他重要な後発事象

④偶発債務

「偶発債務」として、会計年度末においては現実の債務ではないけれども、将来、一定の条件を満たすような事態が生じた場合に債務となるもののうち、次に掲げるものを記載します。

(1)　保証債務及び損失補償債務負担の状況（総額、確定債務額及び履行すべき額が確定していないものの内訳（貸借対照表計上額及び未計上額））

(2)　係争中の訴訟等で損害賠償の請求を受けているもの

(3)　その他主要な偶発債務

⑤追加情報

「追加情報」として、財務書類の内容を理解するために必要と認められる次に掲げる事項を記載します。

(1)　対象範囲（対象とする会計名）

(2)　一般会計等と普通会計の対象範囲等の差異

(3)　出納整理期間について、出納整理期間が設けられている旨（根拠条文を含む）及び出納整理期間における現金の受払等を終了した後の計数をもって会計年度末の計数としている旨

(4)　表示単位未満の金額は四捨五入することとしているが、四捨五入により合計金額に離齬が生じる場合は、その旨

(5)　地方公共団体の財政の健全化に関する法律における健全化判断比率の状況

(6)　利子補給等に係る債務負担行為の翌年度以降の支出予定額

(7)　繰越事業に係る将来の支出予定額

(8)　その他財務書類の内容を理解するために必要と認められる事項

　また、貸借対照表に係るものとして次の⑼から⒃までに掲げる事項を、資金収支計算書に係るものとして⒄から㉑までに掲げる事項を併せて記載します。なお、前年度末歳計外現金残高、本年度歳計外現金増減額、本年度末歳計外現金残高及び本年度末現金預金残高について、資金収支計算書の欄外に記載します。

⑼　売却可能資産に係る資産科目別の金額及びその範囲

⑽　減価償却について直接法を採用した場合、当該各有形固定資産の科目別又は一括による減価償却累計額

⑾　減債基金に係る積立不足の有無及び不足額

⑿　基金借入金（繰替運用）の内容

⒀　地方交付税措置のある地方債のうち、将来の普通交付税の算定基礎である基準財政需要額に含まれることが見込まれる金額

⒁　将来負担に関する情報（財政健全化法における将来負担比率の算定要素）

⒂　法第234条の3に基づく長期継続契約で貸借対照表に計上されたリース債務総額

⒃　純資産における固定資産等形成分及び余剰分（不足分）の内容

⒄　基礎的財政収支（図表3－58も併せて参照）

⒅　既存の決算情報との関連性（「一般会計等と普通会計の対象範囲等の差異」に係るものを除く）

⒆　資金収支計算書の業務活動収支と純資産変動計算書の本年度差額の内訳（検証を行い、実務負担を踏まえたうえで注記するかを整理します）

⒇　一時借入金の増減額が含まれていない旨並びに一時借入金の限度額、実績額及び利子の金額（実績額については、有用性等を踏まえたうえで注記するかを整理します）

㉑　重要な非資金取引

ざっくりポイント

注記の内容は、ざっくり分析した後に、個別内容をしっかり理解することで、より理解が深まります。ここでの内容は上級者向けになります。

第7節　附属明細書

◆ 重要な項目についての明細書

　財務書類の体系は、貸借対照表、行政コスト計算書、純資産変動計算書、資金収支計算書及びこれらの財務書類に関連する事項についての附属明細書とすること、とされています。財務書類については上述したとおりですが、「附属明細書」とはなんでしょうか。これは、貸借対照表や行政コスト計算書等に記載された重要な項目についての明細を記したものです。

　大きな枠組みからすると、日々の会計情報から誘導的に財務書類が作成されるのが原則ですが、貸借対照表の純資産の部の「固定資産等形成分」「余剰分（不足分）」と、その内訳である純資産変動計算書の固定資産等の変動（内部変動）については、自動的に導き出すことはできません。筆者が総務省の会議などで提案したのは、日々の伝票を審査する会計の所管課で財務書類を作成し、附属明細書は財政の所管課で作成すべきではないかということでした。

　附属明細書は、管理会計的な要素、特に財政的な情報がほとんどであり、また、貸借対照表の内容に関するものが多くなっています。これは、公会計改革の目的である経営改革を推進するためには、資産・負債の情報が記載されている貸借対照表の内容の内訳が必須であるということでもあるでしょう。

◆ 附属明細書を読み解いていこう

　以下、習志野市の事例を挙げながら附属明細書の内容について説明をしていきます。

事　例 🖍

①貸借対照表の内容に関する明細〜資産項目の明細〜

・有形固定資産の明細

　習志野市における有形固定資産の明細の中から事業用資産の建物を紹介します（図表3−62）。貸借対照表の資産の状況は決算日における状況を示していま

（単位：円）

区分	前年度末残高 (A)	本年度増加額 (B)	本年度減少額 (C)	本年度末残高 (A) + (B) - (C) (D)
事業用資産	214,636,445,680	12,848,016,741	5,915,820,862	221,568,641,559
建物	97,130,182,618	5,165,664,077	195,339,338	102,100,507,357

	本年度末減価償却 累計額 (E)	本年度償却額 (F)	差引本年度末残高 (D) - (E) (G)
	83,239,479,691	3,294,912,071	138,329,161,868
	63,656,985,289	2,467,880,213	38,443,522,068

図表 3 −62　有形固定資産の明細（建物）

貸借対照表	（単位：円）
科　　目	金額
【資産の部】	
固定資産	
有形固定資産	
事業用資産	
建物	102,100,507,357
建物減価償却累計額	△ 63,656,985,289

図表 3 −63　貸借対照表（事業用資産・建物）

すので（図表 3 −63）、年度内の増減は記載されません。しかし、個々の資産の年度内の増減内容は、財務分析にあたっても有用な情報になりますので附属明細書の方に記載することとなりました。

　ここでは習志野市の事業用資産の建物について説明します。貸借対照表では、建物の取得価額と建物減価償却累計額の表示しかありません。現状での会計上の資産価値は、建物の取得価額から建物減価償却累計額を差し引いた金額が決算のときの帳簿価額になります。このように、会計上の資産価値は、有形

固定資産の明細書から分かることを把握しておきましょう。

・有形固定資産の行政目的別明細

　この明細書は、有形固定資産の明細を行政目的別に集計したものです（図表3－64）。先ほどの建物の本年度末である帳簿価額の内訳となります。このような行政別の区分は官庁会計の決算で区分されていることから、よりデータ連携ができるようにとの配慮からです。このことにより、事業別のセグメント分析の貴重な資料となります。

（単位：円）

区分	生活インフラ・国土保全	教育	福祉	環境衛生
事業用資産	8,482,416,845	70,233,221,923	13,854,030,523	14,976,465,961
建物	2,872,217,065	18,454,410,845	5,224,081,209	971,804,791

産業振興	消防	総務	合計
84,825,312	3,130,714,535	27,567,486,769	138,329,161,868
77,781,854	1,614,479,064	9,228,747,240	38,443,522,068

図表3－64　有形固定資産の行政目的別明細（建物）

・投資及び出資金の明細

　投資及び出資金の明細として、3種類の明細を作成することとされています。区分する内容としては、市場価格があるものとそうでないものに区分します。さらに、市場価格がないもののうち、連結対象団体か否かで区分します。

　この明細書では、投資及び出資した金額に対して評価損がでていないかの確認ができます。著しく評価減の場合には、強制評価損などの処理も検討されることになります。習志野市における事例の一部を紹介します（図表3－65）。

・基金の明細

　基金という科目は、少し特殊な科目となっています。基金の内容に基づき、流動資産に区分される基金は「財政調整基金」とされ、「減債基金」は流動資

市場価格のあるもの

（単位：円）

銘柄名	株数・口数など (A)	時価単価 (B)	貸借対照表計上額 (A)×(B) (C)	取得単価 (D)	取得原価 (A)×(D) (E)
【対象なし】	株	円	円	円	円

	評価差額 (C)－(E) (F)	(参考) 財産に関する 調書記載額
	円	円

市場価格のないもののうち連結対象団体（会計）に対するもの

（単位：円）

相手先名	出資金額 （貸借対照表計上額） (A)	資産 (B)	負債 (C)	純資産額 (B)－(C) (D)	資本金 (E)
（一財）習志野市開発公社	101,000,000	3,092,393,649	1,760,076,118	1,332,317,531	101,000,000
（以下省略）					

出資割合 (%) (A)/(E) (F)	実質価額 (D)×(F) (G)	投資損失引当金 計上額 (H)	(参考) 財産に関する 調書記載額
100.00%	1,332,317,531	0	101,000,000

市場価格のないもののうち連結対象団体（会計）以外に対するもの

（単位：円）

相手先名	出資金額 (A)	資産 (B)	負債 (C)	純資産額 (B)－(C) (D)	資本金 (E)
社会福祉法人南台五光福祉協会	1,000,000	3,574,311,751	310,002,983	3,264,308,768	5,000,000
（以下省略）					

出資割合 (%) (A)/(E) (F)	実質価額 (D)×(F) (G)	強制評価減 (H)	貸借対照表計上額 (A)－(H) (I)	(参考) 財産に関する 調書記載額
20.00%	652,861,754	0	1,000,000	1,000,000

図表 3 －65　投資及び出資金の明細

産と固定資産にそれぞれ区分されます。その他の基金は固定資産の部の基金に計上されるということです。さらに、基金というのは、通常、現金預金や有価証券、土地など様々な形で保有されていますが、貸借対照表上はすべて「基金」として区分されます。このことからも、図表 3 －66のように基金の内訳の資産を附属明細書で表示することは意味のあることといえます。

　一方、貸借対照表の表示は図表 3 －67のようになります。貸借対照表の固定資産の基金（7,930,225,710円）と流動資産の基金の（5,190,422,587円）の合計

（単位：円）

種類	現金預金	有価証券	土地	その他	合計 （貸借対照表計上額）	（参考）財産に関する 調書記載額
財政調整基金	4,816,718,633	-	-	-	4,816,718,633	4,816,718,633
減債基金	928,140,254	45,563,700			973,703,954	1,015,177,004
公共施設等再生整備基金	6,326,950,189	-	-	-	6,326,950,189	6,326,950,189
（以下省略）						
合計	13,075,084,597	45,563,700	0	0	13,120,648,297	13,162,121,347

図表 3 －66　基金の明細

貸借対照表
（単位：円）

科　　　目	金額
【資産の部】	
固定資産	
投資その他の資産	
基金	7,930,225,710
減債基金	600,000,000
その他	7,330,225,710
流動資産	
基金	5,190,422,587
財政調整基金	4,816,718,633
減債基金	373,703,954

図表 3 －67　貸借対照表（基金）

の基金は「13,120,648,297円」となり、この金額は基金の明細（図表 3 －66）の合計額と同じであることを確認しましょう。また、減債基金は固定資産（600,000,000円）と流動資産（373,703,954円）の合計額（973,703,954円）となることも確認して下さい。

・貸付金の明細

　貸付金の内容は重要な会計情報です。短期貸付金及び長期貸付金の内訳として、どのような相手先に貸し付けたのかと、徴収不能引当金を計上している場合はその金額を記載します。習志野市の事例では徴収不能引当金の計上はありません（図表3－68）。

区分	長期貸付金		短期貸付金	
	当期末残高	徴収不能引当金	当期末残高	徴収不能引当金
災害援護資金貸付金	26,875,582	0	3,280,560	0
合計	26,875,582	0	3,280,560	0

図表3－68　貸付金の明細

　一方、貸借対照表における貸付金の表示は図表3－69のようになります。貸借対照表の固定資産の長期貸付金（26,875,582円）と流動資産の短期貸付金の（3,280,560円）はそれぞれの貸付金の明細の合計金額と同じであることを確認しましょう。

貸借対照表	（単位：円）
科　　　目	金額
【資産の部】	
固定資産	
投資その他の資産	
長期貸付金	26,875,582
流動資産	
短期貸付金	3,280,560

図表3－69　貸借対照表（長期貸付金、短期貸付金）

・長期延滞債権の明細

　長期延滞債権は、滞納繰越調定収入未済の収益及び財源をいいます。要するに、1年を超えて回収できない債権です。この明細は、債権管理上、債権の種類の把握を可能とするとともに、今後の徴収方針を決めるのに必要な情報といえます（図表3 - 70）。

　習志野市において徴収不能引当がどのくらいあるかを参考に徴収不能率として図表に追加しました。全体で8.6%、約1億円が徴収できない可能性があるということです。

・未収金の明細

　未収金は、現年調定現年収入未済の収益及び財源をいいます。本来であれば、財源として住民サービスの経費に充当されるべきものが回収できていないということです。次年度には、長期延滞債権という名称となり、さらに徴収が難しくなってきます。このことからも、この未収金の明細は、個々の債権ごとに徴収方法を検討するにあたって非常に参考となります（図表3 - 71）。

		（単位：円）	（参考）
相手先名または種別	貸借対照表計上額	徴収不能引当金計上額	徴収不能率
【貸付金】			
【対象なし】	－	－	
小計	－	－	
【未収金】			
税等未収金			
個人市民税	632,106,378	29,274,883	4.6%
法人市民税	14,645,852	1,826,489	12.5%
固定資産税	183,050,761	8,400,112	4.6%
軽自動車税	9,145,089	809,192	8.8%
都市計画税	66,323,282	2,500,849	3.8%
小計	905,271,362	42,811,525	4.7%
その他の未収金			
保育所保育料	15,157,320	45,131	0.3%
放課後児童育成料	583,470	0	0.0%
こども園保育料（短時間児）	269,300	134,650	50.0%
海浜霊園使用料	432,970	290,220	67.0%
市営住宅使用料	32,809,480	4,653,802	14.2%
市営住宅駐車場使用料	1,820,363	84,000	4.6%
幼稚園保育料	657,420	308,710	47.0%
給食センター事業収入（小・中学校）	5,896,182	0	0.0%
単独校給食事業収入（小・中学校）	8,844,631	0	0.0%
生活保護返還金（歳出戻入含む）	150,039,045	45,011,713	30.0%
児童扶養手当過年度返還金（歳出戻入含む）	6,974,900	2,944,785	42.2%
児童手当過年度返還金	300,000	150,000	50.0%
その他	2,012,255	538,914	26.8%
小計	225,797,336	54,161,925	24.0%
合計	1,131,068,698	96,973,450	8.6%

※　徴収不能率（徴収不能引当金計上額÷貸借対象計上額）は筆者が追加

図表 3 － 70　長期延滞債権の明細

（単位：円）

相手先名または種別	貸借対照表計上額	徴収不能引当金計上額
【貸付金】		
【対象なし】	−	−
小計	−	−
【未収金】		
税等未収金		
個人市民税	151,225,437	7,003,737
法人市民税	13,535,988	1,688,077
固定資産税	76,056,511	3,490,197
軽自動車税	4,626,504	409,370
都市計画税	18,755,192	707,201
小計	264,199,632	13,298,582
その他の未収金		
保育所保育料	4,242,010	12,631
放課後児童育成料	570,640	0
こども園保育料（短時間児）	14,500	7,250
海浜霊園使用料	658,790	262,350
市営住宅使用料	1,445,816	48,300
市営住宅駐車場使用料	104,760	0
幼稚園保育料	146,420	73,210
給食センター事業収入（小・中学校）	3,225,484	0
単独校給食事業収入（小・中学校）	4,191,568	0
生活保護返還金（歳出戻入含む）	44,450,758	13,335,228
児童扶養手当過年度返還金（歳出戻入含む）	52,540	26,270
児童手当過年度返還金	45,000	0
その他	699,269	117,173
小計	59,847,555	13,882,412
合計	324,047,187	27,180,994

図表 3−71　未収金の明細

②貸借対照表の内容に関する明細～負債項目の明細～

　負債の項目では、地方債と引当金の明細について附属明細書を作成することとされています。特に、負債の大部分を占める地方債は、貸借対照表では、固定負債に「地方債」、流動負債に「１年内償還予定地方債」として記載されていますが、地方債について、「借入先別」・「利率別」・「返済期間別」の明細が求められています。習志野市の地方債の明細をみてみましょう（図表３-72～３-75）。

種類	地方債残高	うち1年内償還予定	政府資金	地方公共団体金融機構	市中銀行
【通常分】	25,647,361	2,726,088	6,502,877	5,420,807	10,177,504
一般公共事業	1,636,320	186,830	1,045,604	-	510,416
公営住宅建設	1,149,587	48,571	179,039	967,048	3,500
災害復旧	-		-		
教育・福祉施設	9,588,394	1,071,965	3,134,566	1,729,034	3,390,922
一般単独事業	10,295,707	982,085	43,031	2,587,505	5,780,330
その他	2,977,353	436,637	2,100,637	137,220	492,336
【特別分】	23,513,282	1,760,208	21,473,343	1,975,199	64,740
臨時財政対策債	22,714,280	1,557,885	20,739,081	1,975,199	
減税補てん債	734,262	167,923	734,262	-	
退職手当債	-		-		
その他	64,740	34,400			64,740
合計	49,160,643	4,486,296	27,976,220	7,396,006	10,242,244

（単位：千円）

種類	その他の金融機関	市場公募債	うち共同発行債	うち住民公募債	その他
【通常分】	-	2,250,000	-	2,250,000	1,296,173
一般公共事業	-	80,300	-	80,300	-
公営住宅建設	-	-	-	-	-
災害復旧	-	-	-	-	-
教育・福祉施設	-	1,018,700	-	1,018,700	315,172
一般単独事業	-	1,150,100	-	1,150,100	734,741
その他	-	900	-	900	246,260
【特別分】	-	-	-	-	-
臨時財政対策債	-	-	-	-	-
減税補てん債	-	-	-	-	-
退職手当債	-	-	-	-	-
その他	-	-	-	-	-
合計	-	2,250,000	-	2,250,000	1,296,173

図表３-72　地方債（借入先別）の明細

（単位：千円）

地方債残高	1.5%以下	1.5%超 2.0%以下	2.0%超 2.5%以下	2.5%超 3.0%以下
49,160,643	47,270,408	1,829,726	19,563	5,846

3.0%超 3.5%以下	3.5%超 4.0%以下	4.0%超	（参考） 加重平均利率
7,086	12,206	15,808	0.46%

図表 3 −73　地方債（利率別）の明細

（単位：千円）

地方債残高	1 年以内	1 年超 2 年以内	2 年超 3 年以内	3 年超 4 年以内
49,160,643	4,486,296	4,929,196	4,824,382	4,764,289

4 年超 5 年以内	5 年超 10 年以内	10 年超 15 年以内	15 年超 20 年以内	20 年超
4,495,979	15,355,584	7,207,877	2,764,458	332,582

図表 3 −74　地方債（返済期間別）の明細

特定の契約条項が 付された地方債残高	契約条項の概要
該当なし	

図表 3 −75　特定の契約条項が付された地方債の概要

　図表 3 −76 は貸借対照表の「地方債」及び「 1 年内償還予定地方債」の抜粋
です。このように、附属明細書により様々な角度から地方債の状況が分かりま
す（※附属明細書と貸借対照表の数字は四捨五入により合いません）。

貸借対照表	（単位：円）

科　　　目	金額
【負債の部】	
固定負債	
地方債	44,674,347,275
流動負債	
1 年内償還予定地方債	4,486,295,734

地方債残高：44,674,374,275円＋4,486,295,734円＝49,160,643,009円≒49,160,643千円

図表 3 −76　貸借対照表（地方債、 1 年内償還予定地方債）

・引当金の明細

　引当金の明細についても附属明細書に記載することになっています。

　「徴収不能引当金」は、固定資産の長期延滞債権や流動資産の未収金などの
回収見込みがない金額をそれぞれの債権から控除する形で貸借対照表の資産の
部に△としてマイナス表示しているものです。同じように投資及び出資金に対
する引当金は投資損失引当金として資産の部に△としてマイナス表示します
が、習志野市は該当がありません。

　同じ引当金でも、貸借対照表の負債の部に計上するのが、「賞与等引当金」
と「退職手当引当金」となります。賞与等引当金は、基準日時点までの期間に
対応する期末手当・勤勉手当及び法定福利費を計上します。退職手当引当金
は、原則として、期末自己都合要支給額により算定します。同じように負債の
部に計上する履行すべき額が確定していない損失補償債務等のうち、その一部
を損失補償等引当金として引当計上します。

　このように、引当金の明細を確認すると、単なる債権金額の総額ではなく、実質的に回収見込みがある債権金額の把握ができる徴収不能引当金や、将来の職員の退職時に支払うべき引当金がどのくらいあるのかが分かります。ちなみに、下記明細からは、習志野市の職員が、すべて普通退職したとすると98億円の退職金が必要であるということも分かります（図表3－77）。

区分	前期末残高	当期増加額	当期減少額		当期末残高
			目的使用	その他	
徴収不能引当金	113,051,298	71,003,873	58,265,341	1,635,386	124,154,444
賞与等引当金	758,047,752	663,915,719	758,047,752	0	663,915,719
退職手当引当金	9,993,954,000	748,177,000	885,549,570	44,545,430	9,812,036,000
損失補償等引当金	8,204,000	0	1,315,180	1,489,820	5,399,000

（単位：円）

図表3－77　引当金の明細

　図表3－78は貸借対照表の引当金の内容の抜粋となります。

貸借対照表　　　　　　　　　　　　　　　　　　　　　　　　　（単位：円）

科　　目	金額	科　　目	金額
【資産の部】		【負債の部】	
固定資産		固定負債	
徴収不能引当金	△ 96,973,450	退職手当引当金	9,812,036,000
		損失補償等引当金	5,399,000
流動資産		流動負債	
徴収不能引当金	△ 27,180,994	賞与等引当金	663,915,719

徴収不能引当金残高：△96,973,450円＋△27,180,994円＝△124,154,444円

図表3－78　貸借対照表（引当金）

③行政コスト計算書の内容に関する明細
　■補助金等の明細…図表3－28参照

④純資産変動計算書の内容に関する明細

■財源の明細………図表3－39参照

■財源情報の明細…図表3－39参照

⑤資金収支計算書の内容に関する明細

■資金の明細………図表3－46参照

ざっくりポイント

財務書類4表をざっくり押さえたら、次は附属明細書で気になるところをしっかり深く押さえましょう！

第**4**章　議会で活用しよう

第1節　議会で活用しよう

◆ 高い次元での透明性と説明責任が求められる時代にこそ、新公会計に基づく議論を

　人口減少・少子高齢化到来の中、限りある予算をいかに住民の合意を得て配分するか、優先順位をどのようなプロセスで決定していくのか。高い次元での透明性と説明責任が求められます。新公会計制度で作成された、財務書類を活用して、議会における予算の審議や決算の認定の議論に活かしていかなければいけません。しかしながら、新公会計制度で作成された財務書類は、総務省の強い要請で作成されたとはいえ、法令で定められた書類でないことと、この財務書類に対しての監査や、議会への提出義務がないことも事実です。

　実際の現場では、自治体の職員だけでなく議員も、どうも公会計改革や複式簿記は分かりづらいということで敬遠しているようなケースも少なくないようです。しかし筆者としては、できれば議員も複式簿記の知識を理解するのが望ましく、さらにこれからの時代は財務書類のチェックができる議会・議員が求められると考えています。もちろん自治体側も、財務書類の分かりやすい公表に努めるのは当然です。そして、議会側としても、財務書類等の情報を、ぜひ議会審議の活性化につなげていってほしいと希望しています。

　議会審議の活性化に資するのは、特にマクロ的な視点からの活用です。そのためには財政指標を理解することが必要となります。例えば、現在、多くの自治体では、公共施設等の老朽化対策が大きな課題であるのに、決算統計や財政健全化の指標からは資産の老朽化の程度を把握できません。しかし、固定資産台帳を整備することで分かる、資産の老朽化の程度を示す指標である有形固定資産減価償却率（資産老朽化比率）は有用な指標となります。また、従来の財

政状況の把握は「負債」、つまり「借金」の状況に注目しており、資産状況には注目していなかったのです。公共施設が多い、すなわち資産が多いことが財政負担につながるとは想定していなかったといわざるを得ません。今後は、統一的な基準による財務書類の作成により、他市比較や経年比較ができるようになり、自治体の財政状況のチェック機能が向上することが期待されます。

　第1章から第3章まで、自治体議員として知っておくべき新地方公会計の基礎知識をご紹介してきました。各章の各節ごとにある「ざっくりポイント」も参考にしてもらえればと思います。ここからは、自治体議員が財務書類をチェックするにあたっての各指標の見方や活用事例について説明します。

◆ 身近な事例から、「資産」・「負債」・「収益」・「費用」 を理解しよう

　予算や決算など、議会で新公会計制度を活用するために、まずは「資産」・「負債」・「収益」・「費用」とはどのようなものかの概念をつかむのが重要です。ここでは、身近にある事例で説明をしていきたいと思います。なお、事例はあくまで考え方を理解するためのものですので実務上の区分とは異なります。

事例

　お祭りで、子どもがおこづかいで「たこ焼き」と「亀」を購入しました。

　お祭りの屋台は楽しいものですよね。お祭りで子どもに自分のおこづかいで「たこ焼き」を食べたい、「亀」を買いたいとせがまれたら、皆さんはどうしますか？

　おそらく、「たこ焼き」を買うことはよしとしても、「亀」を買うことにはためらうことでしょう。なぜ、ためらうかというと、「亀」は何年も生きるし、

その間のえさ代やケージの購入や毎日の世話をすることが大変だからでしょう。お気づきのように、仮に「たこ焼き」も「亀」も同じ500円だとすれば支出金額は同じはずです。おこづかい（予

算としましょうか）が1,000円あれば、「亀」を購
入するのは可能ですよね。でも今後の飼育に別途
お金がかかる可能性があるということです。

　このように、複式簿記の知識がなくても、大人
であれば、どなたも「発生主義」の考え方は身に
ついているのです。どういうことかというと、「たこ焼き」で500円支出した場
合というのは、現金主義会計ならば、500円の現金の支出であり、発生主義会
計では500円の費用を認識することになります。ポイントとすれば、「たこ焼
き」はその場で食べてしまえばそれで終わりです。500円の現金を支出しても、
おいしかったという満足があればいいわけです。

　一方、「亀」の場合の考え方は、現金主義会計なら、500円の支出ということ
であり、子どものおこづかいの範囲の500円だからいいというわけにはいかな
いのです。なぜなら発生主義会計の考え方からすれば「亀」は資産ということ
になります。「亀」の転売が目的で、高く売れれば儲かるのでしょうが、そう
でない場合は、資産である「亀」を維持する経費が今後もかかるということに
なります。今回の事例のお祭りという気分が高揚する状態では、冷静な判断が
できない場合があります。

　ここでお分かりのように、今後官庁会計の予算を考えるうえで、これは「た
こ焼き」なのか「亀」なのかを考えることは、分かりやすくかつ的確に予算審
査をする際のポイントとなるでしょう。ちなみに、「亀」が自治体でいえば
「建物」という資産だとすると、自治体の長期計画に沿った形での予算要求で
あるのか、建物の建設後の費用の支出をしっかり考えているのか、などが予算
審査の前提となるでしょう。

　「亀」の事例に戻りますが、ではどういう場合であれば「亀」の購入が認め
られるのでしょうか？　まず、「亀」がどうしてほしいのかということの検討
が必要です。お祭りのときに急にほしがったのではだめですよね。そもそも、
「亀」はどういう生き物で、何年生きて、どのような世話をすればよいのか？
そういったことが子どもにできるのか？　本当に「亀」を買いたいなら、専門

のペットショップで店員ともよく相談して購入すればいいのではと思います。このようなイメージで、自治体の予算についても考えてもらえればいいのではないかと思います。

　残念ながら、お祭りの「亀」たちは一時的なおもちゃのように扱われ死んでしまう場合が多いです。最初は飼育していても、やがて飼育がめんどうくさくなって近くの池や川に逃がしてしまう例もあるのが社会問題にもなっています。自治体の予算での使い道で、このようなことが起きないようにしなければいけません。

　筆者も10年以上前から「リク」という陸亀を飼育しています。値段は5,000円以下だったのですが、リクが幼い頃に片目が開かない病気になり、地元の動物病院に5回ほど、東京の亀専門病院にも1回つれていきました。行くたびに、購入した金額以上の医療費がかかりました。目のほうは完治していませんが、今も何とか元気です。亀を買うにあたっては、このようなリスクも考えなければならないということです。これは自治体の資産も同じです。資産は負担であり、負債にもなるということです。

　次に、もうひとつの事例で説明をします。

事例 🖊

　カードで「高級靴」を購入し、「旅行」の申込みをしました。

　クレジットカードで、ほしかったブランドの「高級靴」を購入し、「旅行」の申込みをした事例で説明したいと思います。「高級靴」が5万円、旅行代金

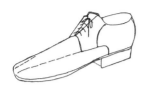

も5万円とします。「高級靴」は大事に使って、5年間は使いたいと思って購入したとしましょう。「旅行代金」は、東北までの往復新幹線の交通費です。

　この場合、現金主義会計では計10万円という支出となります。一方、発生主義の考え方では、「高級靴」を5年間使用するということなら、「資産」ということになります。「亀」と違い、将来の維持管理費が購入時の金額を超えるようなことはないと思いますが、この事例の場合は1年当たりの費用という観点で確認する必要があります。購入金額の5万円を5年間で割ると、1年間の費用は1万円ということになります。実はこのような考え方が「減価償却」という発生主義の考え方なのです。1年当たり1万円の費用が妥当かどうか、満足感があったのかを判断することになります。この満足感があったのかということが、予算に対する決算ということになります。いろいろな場面で、「○○さんの靴は素敵ですね」といわれたならば、靴を買ってよかったということになるかもしれませんね。

　いままでの説明を、現金主義会計と発生主義の会計ではどのようなイメージになるのかを、図表4－1でみてみましょう。

　図表4－1の一番左側が現金の支出の内容です。その支出内容を次年度以降に影響を及ぼすものと、消費のための支出に区分します。そうすると「亀」と「高級靴」が次年度以降に影響を及ぼすものとなりますので、バランスシートの「資産」という区分になります。一方、「たこ焼き」と「旅行」は消費のための支出となり、行政コスト計算書（民間では、損益計算書）の「費用」という区分になります。資産として区分された「亀」と「高級靴」は耐用年数に応じて費用処理されます。すなわち、「資産」から、毎年「費用」に移行するようなイメージです。

　続いて、現金の支出があるということは、必ず、その財源となる現金の収入が必要になります。その内容は、図表4－1の一番右を見てもらえればと思い

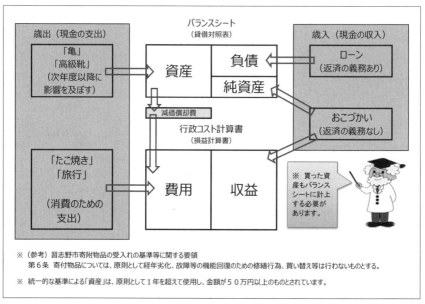

図表4-1　現金の流れと財務書類の相関図

　ます。今回の場合は、「高級靴」と「旅行」はローンでの支払ですので、返済の義務があることから、バランスシートの「負債」という区分になります。一方、「亀」と「たこ焼き」はおこづかいで購入したということで、誰かに返済の義務があるわけではないことから、バランスシートの「純資産」という区分になります。すこし分かりづらいのですが、おこづかいはある意味、収入ということで収益であるともいえます。民間の損益計算書では収益から費用を差し引いた金額がバランスシートの純資産にその分が上乗せされることになります。このことから、図表4-1では、右側のおこづかいは「純資産」と「収益」の両方に⇒（矢印）を付しました。

◆　新公会計を予算や決算に活かすヒント

　これまでの説明に、新公会計を予算や決算に活かすヒントが隠れています。つまり、予算や決算審査にあたっては、次年度以降に及ぼす費用がどのくらい

あるかをチェックするのがポイントといえるでしょう。

　ここで「ライフサイクルコスト」について、建物を例にとって説明したいと思います。図表4－2の左側をみてください。氷山をイメージしたものです。この左の氷山の全体が建物にかかるライフサイクルコストです。ライフサイクルコストとは、建物の建設から取壊しまでの費用をすべて合算したものをいいます。

　このライフサイクルコストの中で、建物の設計を含めた建設費をイニシャルコストといいます。このイニシャルコストである建物の建設費は、財源の確保を含めて議会の予算審議でも議論されていることと思います。しかし、このイニシャルコストである建設費は氷山の一角であるということに注意してくださ

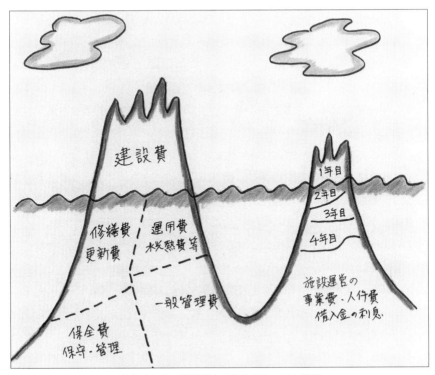

図表4－2　事業費を含めたフルコスト情報

い。問題は、水面下にある将来のコスト、すなわち建設後に必要となる修繕費や運用費等（ランニングコスト）なのです。一般的には建設費の３倍も必要との試算もあります。

　このように、建設費のイニシャルコストと修繕費や運用費等のランニングコストを加えたライフサイクルコストを把握することが必要です。ここでのライフサイクルコストは施設の維持管理のコストになります。これ以外にも、施設の運営（自主事業など）に伴う事業費や人件費、借入金の利息などのコストは別にかかることになります。これが、図表４－２の右側にある氷山ということになります。この氷山は事業ごとにたくさん存在します。左側の大きな氷山の下でつながっている小さな氷山がたくさんあるということです。これまでどこの自治体でも、このような視点での予算決算を考えてこなかったというのが現実です。今後は、新公会計の導入によって得られるようになった指標を活かして予算決算審査に臨むことが肝要でしょう。

◆ 施設マイナンバーを活かしたフルコスト把握の例

　ここで、習志野市の取組みを紹介します。習志野市内の小学校の電気料金は、これまで複数の小学校の支払を１枚の支出伝票で処理をすることとしていました。これは、小学校ごとに電気料金の支出伝票を起票するよりは、管理部門でまとめて１枚の伝票で起票することが合理的だったのです。また、複合施設の清掃委託などは、例えば消防署と図書館の複合施設では消防署の予算で支払うことなども行ってきました。

　このように、契約や支払をまとめることは事務の合理化になりましたが、一方、施設ごとのコストが把握しづらいというデメリットがありました。そこで、平成28年度より、支出伝票を起票するときに施設ごとの負担額を入力することに変更しました。これを、習志野市では「施設マイナンバー」と呼んでいます。イメージは図表４－３をご覧ください。

　このように、施設マイナンバーによって施設ごとの経費が紐づけされるようになりました。習志野市の津田沼小学校を例にとりますが、これまで津田沼小

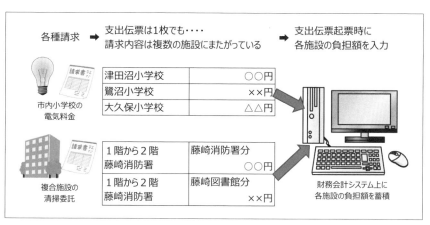

図表 4 − 3　施設マイナンバーのイメージ

【主に施設の維持関係】

予算執行所属	予　算　の　内　容
津田沼小学校	消耗品や修繕料など
教育総務課	工事関連費用、水道光熱費や警備委託など
資産管理課	建物の火災保険料

【主に事業費関係】

予算執行所属	予　算　の　内　容
指導課	英語指導助手派遣や学校教育の指導に関するもの
学校教育課	給食費に係わるシステム業務委託など
総合教育センター	パソコンのリースや教育システムの保守委託料など
情報政策課	LAN 光回線通信料やケーブルテレビ受信料など
財政課	借入金の支払利息
人事課	学校事務や用務員などの給与
鹿野山少年の家	セカンドスクール車両借上料など

図表 4 − 4　津田沼小学校施設マイナンバーの内訳

学校の経費は様々な課で支出伝票が起票されていました。主なものは図表4－4のとおりです。

　このような経費を、前述した氷山にあてはめてみると全容がみえてくるかもしれません。図表4－2の左側の山が施設維持関係で、右側の山が事業費関係ということになります。このデータのほかに津田沼小学校に関するバランスシートの状況である「資産」や「負債」の情報も併せて確認すれば、より理解が深まります。さらに、参考データとなりますが、小学校の先生は県の職員ですので給料は県の予算ということになります。これも、教員の人数に県の教職員の平均給与で計算すれば、本当の意味でのフルコスト情報が算出できます。このようにフルコスト情報の把握こそが、予算決算審査に新公会計を活用するためのヒントになると思います。皆さんの自治体での予算決算審査にあたっても、今後参考にしてみてください。

ざっくりポイント

本当の意味でのフルコスト情報を提供できれば、よりクリアーな財政の見える化になるのではないでしょうか？

第2節　指標の見方を理解しよう

◆ 財務書類4表と決算カードを使った分析

　さて、ここからは各指標の見方を解説していきます。分析を行うにあたり、一般会計等の財務書類4表（貸借対照表・行政コスト計算書・純資産変動計算書・資金収支計算書＋附属明細書）及び決算カードの数値を使います。読者の皆さんの所属する自治体でそれらを公表している場合は、ぜひそれらの数値を使って、一緒に確認してもらえればと思います。なお、財務書類4表と附属明細書をホームページ等で公開していない自治体もありますので、その場合は財政課や会計課にご確認ください。ほとんどの自治体は総務省のホームページから財務書類のリンクが貼られていますのでダウンロードできます。また、決算カードについても総務省のホームページよりダウンロード可能ですので、ぜひご活用ください（第2章第6節）。

　なお、分析や評価方法については、今後、全国の自治体で統一的な基準による財務書類が公表され、より一層活発に議論されるようになっていくと思われます。

　分析にあたり、平均値や自治体の人口規模別のデータがあると便利です。そのようなデータを公表した一般社団法人地方公会計研究センター発行の平成28年度「地方公会計からみた地方財政の実態分析」（2020年2月12日）を参考数値としたいと思います。

　それでは、習志野市の平成30年度決算を例にとり、構成要素の数値を基にして（図表3-10、3-23、3-35、3-43）、解説をしていきましょう。

◆ 将来世代に残る資産はあるのかを分析しよう

　少子高齢化により、今後多くの自治体が人口減少時代を迎えていきます。そのような状況の中で、住民は、「将来世代に学校や公民館などの公共施設や道路や公園などのインフラ施設を残していけるのだろうるか？」と心配しているのではないでしょうか。この点、将来世代に残る「資産」はあるのか、を財務

分析していきたいと思います。

　ここでは、4つの視点からその見方を説明していきます。

①住民1人当たりの資産額

　「住民1人当たりの資産額」は、貸借対照表記載の資産合計額を、住民基本台帳人口で除すことにより得られます。住民等に対して、自治体の保有資産状況を示すにあたって、とても分かりやすい情報といえます。住民基本台帳人口は図表2-12の決算カードでの平成31年1月1日現在を使用したいと思います。

参照書類	参照箇所	習志野市
貸借対照表	資産合計額	404,475,106,877円
決算カード	住民基本台帳人口	173,205人
■計算式	資産合計額÷人口	
■習志野市	404,475,106,877円÷173,205人≒234万円	

■全体平均	334万円
A：3千人未満	1,218万円
B：3～5千人未満	597万円
C：5千～1万人未満	420万円
D：1～3万人未満	252万円
E：3～5万人未満	213万円
F：5～10万人未満	177万円
G：10～20万人未満	151万円
H：20～50万人未満	168万円
I：50万人以上	188万円

・**筆者分析（所見）**　まず、原則として、住民1人当たりの資産がどのくらいが適正なのかをつかむためには、同じ規模の自治体と比較する必要があります。人口規模が10万人以上20万人未満の規模の平均値が151万円という結果になっています。習志野市は234万円で、平均より高い数字となっています。し

かし、この数字が高いからといって財政が豊かであるとは限らないことに注意してください。確かに、自治体の資産が沢山あれば、役に立つ資産（公共施設など）は住民サービスに寄与しますが、他方その資産の大きさに応じて維持補修費がかかります。「適正な規模の資産」ということを考えると、習志野市は資産のスリム化も必要ではないかと筆者は感じています。

　この指標の特徴としては、特に1万人未満の自治体においては、他の自治体と比べてみると著しく高い数値となっています。人口規模が少なくても基礎的自治体として必要なインフラ整備に伴う資産は必要だからです。このことから、人口数が少ないほどこの指標の数値は高くなるのはやむを得ない状況だと思います。

② 有形固定資産の行政目的別割合

　有形固定資産の行政目的別（生活インフラ・国土保全、教育、福祉等）の割合を算出することにより、行政分野ごとの社会資本形成の比重の把握が可能となります。これを経年比較することで、行政分野ごとに社会資本がどのように形成されてきたかを把握することができ、また、類似団体との比較により資産形成の特徴を把握し、今後の資産整備の方向性を検討するのに役立てることができます。

参 照 書 類	参 照 箇 所
附属明細書	有形固定資産行政目的別明細

・筆者分析（所見）　自治体によって人口規模や産業構造などが異なることから、この分析指標の平均値を求めることは難しいと筆者は感じています。特に「教育」部門は事業用資産の中でも高い比率を占めるのではないかと思います。

　習志野市の有形固定資産の目的別明細は図表4－5のとおりです。この明細から事業用資産、インフラ資産、物品など、有形固定資産の種類ごとに行政目的別の割合を算出することで（図表4－6）、より習志野市の全体像がみえてきます。

有形固定資産の行政目的別明細（対象資産がないものを除外して筆者が修正）

(単位：円)

区分	生活インフラ・国土保全	教育	福祉	環境衛生	産業振興	消防	総務	合計
事業用資産	8,482,416,845	70,233,221,923	13,854,030,523	14,976,465,961	84,825,312	3,130,714,535	27,567,486,769	138,329,161,868
土地	5,472,433,937	50,197,937,000	8,388,713,259	2,350,335,358	37,108	971,131,779	16,757,056,087	84,137,644,528
建物	2,872,217,065	18,454,410,845	5,224,081,209	971,804,791	77,781,854	1,614,479,064	9,228,747,240	38,443,522,068
工作物	137,765,843	1,207,744,332	92,542,454	11,176,830,812	7,006,350	498,880,772	385,507,442	13,506,278,005
建設仮勘定	0	373,129,746	148,693,601	477,495,000	0	46,222,920	1,196,176,000	2,241,717,267
インフラ資産	245,501,964,695	1,000,000	0	27,358,544	0	0	0	245,530,323,239
土地	224,664,123,341	0	0	0	0	0	0	224,664,123,341
建物	655,072,316	0	0	0	0	0	0	655,072,316
工作物	15,600,229,311	0	0	27,358,544	0	0	0	15,627,587,855
建設仮勘定	4,582,539,727	1,000,000	0	0	0	0	0	4,583,539,727
物品	2,189,526	412,849,343	15,571,601	16,797,541	609,723	547,634,845	25,628,221	1,021,280,800
合計	253,986,571,066	70,647,071,266	13,869,602,124	15,020,622,046	85,435,035	3,678,349,380	27,593,114,990	384,880,765,907

図表4－5　有形固定資産の行政目的別明細（対象資産がないものを除外して筆者が修正）

区分	生活インフラ・国土保全	教育	福祉	環境衛生	産業振興	消防	総務	合計
事業用資産の比率	6.1%	50.8%	10.0%	10.8%	0.1%	2.3%	19.9%	100.0%
インフラ資産の比率	100.0%	0.0%	0.0%	0.0%	0.0%	0.0%	0.0%	100.0%
物品	0.2%	40.4%	1.5%	1.6%	0.1%	53.6%	2.5%	100.0%
有形固定資産比率	66.0%	18.4%	3.6%	3.9%	0.0%	1.0%	7.2%	100.0%

図表4－6　習志野市の有形固定資産の種類ごとの行政目的別の割合

　図表4－6に示された割合から分かることは、まず、全体からみて、生活イ
ンフラ・国土保全が66％となっていることでしょう。これは、道路や公園など
のインフラ資産が多いのが要因です。

　次に注目すべきは、教育が全体の18.4％を占めていることです。かつ、その
内事業用資産だけの割合をみてみると、50.8％と5割を超えていることが分か
ります。同じように、物品の割合をみると消防（出張所の建替や消防車両等の購
入）は53.6％と高い割合であり、次に教育が40.4％と高い割合になっていま
す。特に、教育の区分に注目すると、非償却資産である土地部分を除く、校舎
などの建物の償却資産は、おそらく老朽化により建替えが急務であり、そのた
めの財源の確保が必要になってくるでしょう。習志野市は市の理念として、文

教住宅都市憲章をかかげ、市立の高校や幼稚園も設置し、教育部門に力を入れてきました。高度成長時代には、歳出予算の5割を教育費が占めていることもありました。

　この指標と合わせてみるとするならば、決算カードの目的別歳出の状況の普通建設事業費を経年でみてみるとよいと思います。なぜなら、普通建設事業費は資産の取得にあてられたものですので、過去にどのくらいの資産に対して支出をしたのかが分かります。習志野市の平成30年度決算カードからも（図表4-7）、土木費よりも教育費の普通建設事業費が多いことが分かります。なお、寄附や移管された施設の取得などは現金の支出を伴わないため、決算カードには計上されていないことにも留意する必要があります。

区　　分	目的別普通建設 事業費（千円）	構成比（%）
総務費	1,241,752	12.3%
民生費	1,450,769	14.4%
衛生費	839,248	8.3%
農林水産業費	3,228	0.0%
土木費	1,554,876	15.4%
消防費	563,797	5.6%
教育費	4,419,106	43.9%
計	10,072,776	100.0%

図表4-7　平成30年度決算状況（決算カード）（※一部筆者が加工）

③歳入額対資産比率

　当該年度の歳入総額に対する資産の比率を算出することにより、これまでに形成されたストックとしての資産が歳入の何年分に相当するのかを把握し、自治体の資産形成の度合いを測ることができます。

・筆者分析（所見）　この指数が低い場合は、資産形成の施策がとられていなかったのか、あるいは、財政面で過大な負担にならないような社会資本整備を

参 照 書 類	参 照 箇 所	習 志 野 市
貸借対照表	資産合計額	404,475,106,877円
資金収支計算書	業務収入（A）	48,574,323,164円
	臨時収入（B）	1,255,562円
	投資活動収入（C）	4,791,092,699円
	財務活動収入（D）	7,206,206,000円
	歳入額（A+B+C+D）	60,572,877,425円
■計算式	資産合計額÷歳入額※歳入額に前年度末資金残高を加える考えもあります。	
■習志野市	404,475,106,877円÷60,572,877,425円≒6.68年	

■全体平均	4.46年
A：3千人未満	5.69年
B：3〜5千人未満	5.22年
C：5千〜1万人未満	4.81年
D：1〜3万人未満	4.29年
E：3〜5万人未満	4.31年
F：5〜10万人未満	4.05年
G：10〜20万人未満	3.94年
H：20〜50万人未満	4.41年
I：50万人以上	4.14年

進めてきたということです。この指数が高い場合は、資産形成の施策がとられてきたということになり、今後の施設の更新などの財政的な負担を考える必要があります。習志野市は約7年ということであり、同じ人口規模の平均が約4年であることからかなり高い指数となっています。仮に約4年の指数になるためには約1,600億円の資産を減らさなければならなくなります。

　今後は、資産総額の増加に比例して歳入総額も上昇しているのか、それとも資産総額と歳入総額ともに減少しているのか、などを経年比較によって確認する必要があります。

　なお、習志野市の場合は、東京湾の埋立てに伴って道路や公園などのインフ

ラ資産が移管された経緯もあり、歳出を伴わずに資産形成されたケースもあります。このように、単純に指数だけでの比較はできない場合があることにも留意しましょう。

④有形固定資産減価償却率（資産老朽化比率）

有形固定資産のうち、償却資産の取得価額等に対する減価償却累計額の割合を算出することで、耐用年数に対して、資産の取得からどの程度経過しているのかを把握することができます。

・**筆者分析（所見）**　この指数（有形固定資産減価償却率）は、資産老朽化比率ともいわれ、資産の老朽化の進み具合を把握するにあたって今後活用が期待されます。この指数は耐用年数をベースに計算しています。この指数が50％になると、現在保有する建物や設備の半分程度が、すでに帳簿上の価値を失っているということになります。実際には、建物や設備を、耐用年数を超えて使用している場合も多くあると思いますが、今後の更新時期や更新費用について留意する必要があります。

公共施設の老朽化は、高度成長時代にかけて整備された公共施設やインフラ資産の多くが、30年〜40年を経過していることから全国的に課題となっています。近い将来には、大規模改修や施設の建替えや統廃合などを真剣に考えなくてはいけません。このことから、この指標は重要な意味を持ちます。

習志野市では、この指標は64.3％であり、資産の老朽化が平均より少し進んでいる状況となっています。

次に、この指標を資産の内容ごとに算出してみましょう（図表4-8）。習志野市の資産の内訳をみてみると、インフラ資産の工作物の指標が一番高いことが分かります。この数値は平均値よりもかなり高くなっています。今後は、固定資産台帳を整備したことにより、資産別だけではなく、有形固定資産減価償却率から個々の施設ごとの老朽化の状況が分かるようになりましたので、施設の必要性やコストとして算出できる減価償却費に維持補修費などのコスト情報を加えたフルコスト情報を基に、公共施設等総合管理計画の適切な管理が求め

参 照 書 類	参 照 箇 所	習 志 野 市
貸借対照表	事業用資産：建物（A）	102,100,507,357円
	減価償却累計額（B）	△63,656,985,289円
	事業用資産：工作物（C）	33,088,772,407円
	減価償却累計額（D）	△19,582,494,402円
	インフラ資産：建物（E）	1,522,928,130円
	減価償却累計額（F）	△867,855,814円
	インフラ資産：工作物（G）	54,259,316,563円
	減価償却累計額（H）	△38,631,728,708円
	物品（I）	3,076,398,545円
	減価償却累計額（J）	△2,055,117,745円
	償却資産取得額 （A+C+E+G+I）	194,047,923,002円
	減価償却累計額(△をとります) （B+D+F+H+J）	124,794,181,958円
■計算式	減価償却累計額÷償却資産取得価額×１００	
■習志野市	124,794,181,958円÷194,047,923,002円×100≒64.3%	

■全体平均	58.5%
A：3千人未満	58.0%
B：3〜5千人未満	58.2%
C：5千〜1万人未満	58.8%
D：1〜3万人未満	59.2%
E：3〜5万人未満	57.8%
F：5〜10万人未満	58.1%
G：10〜20万人未満	58.1%
H：20〜50万人未満	58.5%
I：50万人以上	60.1%

		全体平均	習志野市	計算式（減価償却累計額÷取得価額×100）
事業用資産	建物	57.7%	62.3%	63,656,985,289円÷102,100,507,357円×100
	工作物	65.3%	59.2%	19,582,494,402円÷33,088,772,407円×100
インフラ資産	建物	59.9%	57.0%	867,855,814円÷1,522,928,130円×100
	工作物	59.0%	71.2%	38,631,728,708円÷54,259,316,563円×100
物品		66.3%	66.8%	2,055,117,745円÷3,076,398,545円×100

図表4−8 資産別有形固定資産減価償却率

られています。

◆ 将来世代と現世代の負担割合は適切なのかを分析しよう

　将来世代と現世代の負担割合、すなわち世代間の公平性はどうなっているのかを確認するためにはどうしたらよいでしょうか。これは、貸借対照表上の資産、負債及び純資産の対比によって明らかにすることができます。自分がどれだけ負担しているのか、世代間の負担割合は、住民等にとって関心が高いものですので、議員としてもしっかり把握しておくとよいと思います。

　この指標は、財政健全化法に基づく将来負担比率もありますが、貸借対照表は、財政運営の結果として、資産形成における将来世代と現世代までの負担のバランスが適切に保たれているのか、どのように推移しているのかを端的に把握することを可能にするものであり、純資産比率や社会資本等形成の世代間負担比率（将来世代負担比率）が分析指標として挙げられます。

　ただし、将来世代の負担となる地方債の発行については、原則として将来にわたって受益の及ぶ施設の建設等の資産形成に充てることができるものとされており（建設公債主義）、その償還年限も当該地方債を財源として建設した公共施設等の耐用年数を超えないこととされています（地方財政法第5条及び第5条の2）。このように、受益と負担のバランスや自治体の財政規律が一定程度確保されるよう法制度が設計されていることにも留意する必要があります。

①純資産比率

　将来世代と現世代との間で負担の割合が変動しているかどうかは、純資産の

変動から読み解くことができます。純資産の減少は、将来世代に負担が先送りされたことを意味します。

参 照 書 類	参 照 箇 所	習 志 野 市
貸借対照表	資産合計額	404,475,106,877円
	純資産合計額	340,521,998,826円
■計算式	純資産合計額÷資産合計額×100	
■習志野市	340,521,998,826円÷404,475,106,877円×100＝84.2%	
■全体平均	72.1%	
A：3千人未満	80.5%	
B：3～5千人未満	80.0%	
C：5千～1万人未満	77.1%	
D：1～3万人未満	73.8%	
E：3～5万人未満	73.6%	
F：5～10万人未満	72.4%	
G：10～20万人未満	72.4%	
H：20～50万人未満	76.7%	
I：50万人以上	67.3%	

・**筆者分析（所見）**　この指標（純資産比率）は、例えば、資産である「車」を100万円で購入した場合に、自己資金がいくらで、借金（ローン）がいくらかという事例で考えてみると分かりやすいです。仮に、30万円のローンを組んだとします。これは、将来の自分が払うということです。残りの70万円は、今までの自分の貯金などで払うということです。この場合の純資産比率は70％（70万円÷100万円×100）となります。

　習志野市の純資産比率は84.2％と非常に高い数値となっています。企業会計では、純資産比率を自己資本比率として求めます。この比率が高いほど財政状況が健全であるといわれています。民間企業の純資産比率は優良企業でも30％くらいが目安になっています。民間企業の純資産は、解散時の残余財産を示すことから株主の重要な関心事項です。一般投資家が株式を購入するときにも重

要な指標にもなっています。

　世代間の負担のあり方については、今までは、将来の世代も公共施設を利用するのだからコストを負担すべきであるという考え方が主流でした。これは、公共施設の建設には借金をしてもいいということです。しかし近年、そのような考え方が少し変わってきたように感じています。すなわち、過去に建設した公共施設等の老朽化が進み、人口や税収の大幅な増加が見込まれないのであれば、将来世代への先送りを抑えるべきとの考え方です。人口が単純に半分になれば、負担は倍になるのです。このようなことを踏まえ、現状の純資産比率が高く、将来世代の負担率が低い場合でも、将来世代の負担が大きくならないように世代間の負担のバランスを配慮しながら公共施設の整備を実施していく必要があります。

②将来世代負担比率

　有形・無形固定資産の形成に係る将来世代の負担の比重は、有形・無形固定資産における将来の償還等が必要な地方債による形成割合を算出することで把握することができます。なお、地方債残高は地方債から社会資本等に充当されない臨時財政対策債等を除くことと令和元年8月改訂のマニュアルで変更となりました。

　・筆者分析（所見）　上述の純資産比率からも現代世代と将来世代の比率は算出できますが、この指標（将来世代負担比率）は、地方債と有形・無形固定資産に注目して算出するものです。

　習志野市の比率は6.7％であり、非常に低い数値になっています。この数値が低いということは、将来世代の負担が少ないということです。指数が低いことは健全な財政運営をしていることの証左です。今後は、受益と負担のバランスを見極めていく必要があります。

　なお、地方債から臨時財政対策債を除かない場合は12.8％となります。全国平均は25.1％なので低い数値となっています。

参 照 書 類	参 照 箇 所	習 志 野 市
貸借対照表	有形固定資産(A)	384,880,765,907円
	無形固定資産(B)	206,480,006円
	有形・無形固定資産　(A+B)	385,087,245,913円
	地方債　(C)	44,674,347,275円
	1年以内償還予定地方債　(D)	4,486,295,734円
	地方債残高　(C+D)	49,160,643,009円
附属明細書 地方債（借入先別） の明細	臨時財政対策債　(E)	22,714,280,000円
	減税補てん債　(F)	734,262,000円
	退職手当債　(G)	0円
	その他　(H)	64,740,000円
	特別分（E+F+G+H)	23,513,282,000円
■計算式	（地方債残高−特別分）÷有形・無形固定資産×100	
■習志野市	（49,160,643,009円-23,513,282,000円)÷ 385,087,245,913円×100≒6.7%	

（参考）全調査先平均（地方債から臨時財政対策債等を除かない場合）

参 照 書 類	参 照 箇 所	習 志 野 市
貸借対照表	有形固定資産(A)	1,423憶円
	無形固定資産(B)	1憶円
	有形・無形固定資産　(A+B)	1,424憶円
	地方債　(C)	324憶円
	1年以内償還予定地方債　(D)	33憶円
	地方債残高　(C+D)	357憶円
■全体平均	357憶円÷1,424憶円×100≒25.1%	

◆　どのくらいの借金があるのかを確認しよう

　自治体にどのくらいの借金があるのかをみることにより、自治体財政の持続
可能性や財政の健全性を判断することができます。これらは住民等の関心も非
常に高く、また、議会で議論されることも多く、財政運営における本質的な視

点といえます。すでに財政健全化法に基づく健全化判断比率（実質赤字比率、連結実質赤字比率、実質公債費比率及び将来負担比率）によって分析が行われていますが、これに加えて、財務書類からも有用な情報を得ることができます。

①住民１人当たり負債額

　貸借対照表の負債合計額を住民基本台帳人口で除して住民１人当たりの負債額とすることにより、住民等にとって分かりやすい情報となります。

参 照 書 類	参 照 箇 所	習 志 野 市
貸借対照表	負債合計額	63,953,108,051円
決算カード	住民基本台帳人口	173,205人
■計算式	負債合計額÷人口	
■習志野市	63,953,108,051円÷173,205人≒37万円	
■全体平均	76万円	
A：3千人未満	211万円	
B：3〜5千人未満	121万円	
C：5千〜1万人未満	96万円	
D：1〜3万人未満	64万円	
E：3〜5万人未満	56万円	
F：5〜10万人未満	49万円	
G：10〜20万人未満	42万円	
H：20〜50万人未満	38万円	
I：50万人以上	60万円	

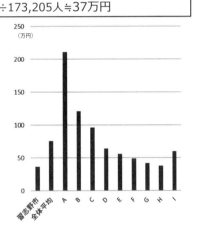

・**筆者分析（所見）**　まず、住民１人当たりの負債額が適正なのかをみるには、同じ規模の自治体と比較する必要があることを確認しましょう。平均額は人口規模10〜20万人未満ですと42万円です。習志野市は37万円ですので平均的な数字です。この数字が低いことは、借金がないということになりますので、財政運営が良好であることに違いありません。

　今後、公共施設の更新費用を考える場合には、市民１人当たりに応分の負

担・負債が必要になってくることも想定しましょう。

　この指標の全体平均が76万円であり、人口規模の小さい自治体ほど数値が高いようです。

②基礎的財政収支（プライマリー・バランス）

　資金収支計算書上の業務活動収支（支払利息支出を除く）及び投資活動収支（基金積立金支出及び基金取崩収入を除く）の合計額を算出することで、地方債等の元利償還額を除いた歳出と、地方債等発行収入を除いた歳入のバランスを示す指標（基礎的財政収支（プライマリー・バランス））が得られます。投資活動収支から基金積立金支出及び基金取崩収入を除くのは、基金を積み立てた団体よりも基金を取り崩した団体が財政収支がよくなることから、令和元年8月改訂のマニュアルで変更となりました。

　この指標は借金に頼らない自治体運営ができているかを判断するものとなります。赤字の場合は税収の減少や過剰投資なども考えられます。公共施設等の計画的な投資により一時的に赤字になる場合ならやむを得ませんが、恒常的な赤字であれば抜本的な改革が必要となります。

　・筆者分析（所見）　この基礎的財政収支の全体平均は6億円の黒字となっています。自治体においてはこの指標が黒字でないと、借金の返済額が減少しないことになります。習志野市は約33億円の赤字となっています。これは「資産の更新」を進めているからです。習志野市の現状は借金の割合は低いと考えられますが、借金が増えていることから将来世代の負担は増加していることになります。しかし同時に、その負担に見合うだけの将来世代にとって、すなわち住民の福祉の向上になるという思いで現世代が判断したということになります。

参 照 書 類	参 照 箇 所	習 志 野 市
資金収支計算書	業務活動収支（A）	3,158,381,866円
	うち、支払い利息支出（B）	252,712,467円
	投資活動収支（C）	△5,955,337,334円
	うち、基金積立金支出（D）	2,525,123,935円
	うち、基金取崩収入（E）	3,304,437,389円
注記事項	追加情報➡基礎的財政収支	△3,323,556,455円
■計算式	基礎的財政収支＝A+B+C+D−E	
■習志野市	3,158,381,866円＋252,712,467円＋ （△5,955,337,334円）＋2,525,123,935円− 3,304,437,389円≒△33億円	

（参考）全調査先平均

資金収支計算書	業務活動収支（A）	22億円
	うち、支払い利息支出（B）	4億円
	投資活動収支（C）	△21億円
	うち、基金積立金支出（D）	15億円
	うち、基金取崩収入（E）	14億円
全体平均	22億円＋4億円＋（△21億円）＋15億円−14億円＝ 6億円	

③地方債の償還可能年数

　「地方債の償還可能年数」とは、地方債を、経常的に確保できる資金である、業務活動収支（臨時収支分を除く）の黒字額で返済した場合に、何年で返済できるかを表す指標です。「借金である地方債が多いのか」、「少ないのか」、「返済能力があるのか」をみることができます。地方債残高が増加すると、地方債の償還可能年数が上昇します。なお、令和元年8月改訂のマニュアルでは財務書類からではなく決算統計等を用いる指標に変更なりました。この要因として所有外資産が貸借対照表に計上されないことからその支出額が業務支出に計上されることにより算出上極端に長い年数になってしまうことが分かったからで

す。ここでは多くの自治体が数値に影響のある所有外資産（県レベルが多い）を保有していないので財務書類から読みとれる数字でみてみます。

・**筆者分析（所見）**　地方債を、行政サービス提供に関する収支である業務活動の黒字額（臨時収支分を除く）である経常的に確保できる資金で返済した場合に、何年で返済できるかを表す指標です。習志野市の場合は、11.4年であり、平均値の11.5年とほぼ同じです。何年が適正なのかは、今後国等において検討されることになると思います。個人の場合でも、ファイナンシャルプランナーに相談すれば、「一般的には、年収○○万円なら○○万円位のマンションが購入できますが、年収以外の、家族構成・将来的な資金計画・ライフプランなどで総合的に判断しましょう。」ということになるでしょう。自治体も同じように、人口や将来計画などにより総合的に判断していく必要があります。

◆ 行政サービスが効率的に提供されているのかを確認しよう

　行政サービスが効率的に提供されているのかは、住民からの関心が高い事項です。そもそも、自治体はその事務を処理するにあたっては、住民の福祉の増進に努めるとともに、最小の経費で最大の効果を上げるようにしなければならないとして法第2条第14項に定められてもいます。

　これまで、行政サービスの効率性については、多くの自治体で取り組んでいる行政評価等で個別に分析が行われています。しかし、それらは現金主義におけるコスト（支出）分析でした。これに対して、発生主義の考え方で作成された行政コスト計算書は、自治体の行政活動に係る人件費や物件費等を含むフルコストとして表示するものであり、行政サービスの効率化を目指す際に不可欠な情報を一括して提供するものです。

　行政コスト計算書においては、住民1人当たりの行政コストや性質別・行政目的別コストといった指標を用いることによって、効率性の度合いを定量的に測定することが可能となります。

参照書類	参照箇所	習志野市
貸借対照表	地方債（A）	44,674,347,275円
	1年内償還予定地方債（B）	4,486,295,734円
	地方債合計（A+B）	49,160,643,009円
	基金（固定資産）（C）	7,930,225,710円
	基金（流動資産）（D）	5,190,422,587円
	充当可能基金残高（C+D）	13,120,648,297円
資金収支計算書	業務収入（E）	48,574,323,164円
	業務支出（F）	45,415,499,004円
	業務活動収支（臨時収支を除く）（E−F）	3,158,824,160円
■計算式	（地方債合計−充当可能基金残高）÷業務活動収支（臨時収支を除く）	
■習志野市	（4,9160,643,009円−13,220,648,279円）÷3,158,824,160円≒11.4年	

（参考）全調査先平均

貸借対照表	地方債（A）	324億円
	1年内償還予定地方債（B）	33億円
	地方債合計（A+B）	357億円
	基金（固定資産）（C）	65億円
	基金（流動資産）（D）	39億円
	充当可能基金残高（C+D）	104億円
資金収支計算書	業務収入（E）	275億円
	業務支出（F）	253億円
	業務活動収支（臨時収支を除く）（E−F）	22億円
全体平均	（357億円−104億円）÷ 22億円 ＝ 11.5年	

【参考指標】統一的な基準による地方公会計マニュアル（令和元年改訂）P332

$$債務償還可能年数 = \frac{将来負担額（※1）- 充当可能財源（※2）}{経常一般財源等（歳入）等（※3）- 経常経費充当財源等（※4）}$$

※1　地方公共団体健全化法上の将来負担比率

※2　※1の将来負担比率の「充当可能基金残高＋充当可能特定歳入」

※3　「①経常一般財源等＋②減収補塡特例分発行額＋③臨時財政対策債発行可能額」

　　①②は地方財政状況調査様式「歳入の状況　その2収入の状況」

　　③は地方公共団体健全化法上の実質公債費率の算定式

※4　地方財政調査様式「性質別経費の状況」の経常経費充当一般財源等から指定された内容の金額を控除

住民1人当たり行政コスト

　行政コスト計算書で算出される行政コストを、住民基本台帳人口で除して住民1人当たり行政コストとすることにより、自治体の行政活動の効率性を測定することができます。

参　照　書　類	参　照　箇　所	習　志　野　市
行政コスト計算書	純行政コスト	47,228,234,765円
決算カード	住民基本台帳人口	173,205人
■計算式	純行政コスト÷人口	
■習志野市	47,228,234,765円÷173,205人≒27万円	
■全体平均	56万円	
A：3千人未満	162万円	
B：3〜5千人未満	92万円	
C：5千〜1万人未満	72万円	
D：1〜3万人未満	41万円	
E：3〜5万人未満	35万円	
F：5〜10万人未満	35万円	
G：10〜20万人未満	32万円	
H：20〜50万人未満	31万円	
I：50万人以上	33万円	

・**筆者分析（所見）**　習志野市は、住民1人当たりの行政コストは約27万円であり、同じ人口規模の自治体より少ないです。この数値は、人口規模により適正な値が異なり、上記の表からも人口が多い方がスケールメリットを得られるので金額が低くなります。このことから、この指標を使って分析するにあたっては、同規模の人口を有する自治体と比較する必要があります。

　行政コスト計算書では性質別（人件費、物件費等）の行政コストが計上されています。個々の性質別や行政目的別（生活インフラ・国土保全、福祉、教育等）の行政コストを集計することにより様々な角度からのコスト情報が提供することができます。

（参考）住民1人当たりの主な行政コスト（習志野市）

人件費	12,809,608,563 円	÷	173,205 人	≒	73,956 円
物件費	10,210,973,798 円	÷	173,205 人	≒	58,953 円
維持補修費	686,194,633 円	÷	173,205 人	≒	3,962 円
減価償却費	4,646,395,930 円	÷	173,205 人	≒	26,826 円
補助金等	3,994,431,243 円	÷	173,205 人	≒	23,062 円
社会保障給付	12,537,880,355 円	÷	173,205 人	≒	72,388 円

◆ **新たな資産を持つ余裕があるのかを確認しよう**

　新たな資産を持つ余裕があるのかということは、当該自治体がインフラ資産の形成や施設の建設といった資産形成を行う財源的な余裕度がどのくらいあるのかを示すものです。

行政コスト対財源比率

　行政コストに対する税収等や国県等補助金などの財源の比率をみることで、当年度の負担でどれだけ賄われたかが分かります。この比率が100％を下回っている場合は、翌年度以降へ引き継ぐ資産が蓄積されたことを表します。逆に、比率が100％を上回っている場合は、過去から蓄積した資産が取り崩されたか、または翌年度以降の負担が増加したということを表します。家計でたとえれば、生活費が足りない場合は、貯金を取り崩すか、借金をするかということです。

　・筆者分析（所見）　習志野市は行政コスト対財源比率が101.7％ということで、100％を上回っているため、足りない財源は借金と基金（貯金）の取崩しということになります。今後は、財源のうち、税収等でどのくらい賄えるのかなどの分析をし、その目標値を定めることによって、より弾力性のある自治体運営ができると思われます。

　全体平均が100.8％ということは多くの自治体が行政コストを財源で賄い切れていないということです。

参 照 書 類	参 照 箇 所	習 志 野 市
行政コスト計算書	純行政コスト	47,228,234,765円
純資産変動計算書	財源	46,416,737,596円
■計算式	純行政コスト÷財源×100	
■習志野市	47,228,234,765円÷46,416,737,596円≒101.7%	

（参考）全調査先平均

行政コスト計算書	純行政コスト	27,193百万円
純資産変動計算書	財源	26,978百万円
■計算式	純行政コスト÷財源×100	
■全体平均	27,193百万円÷26,978百万円≒100.8%	

◆ **受益者負担の水準はどうなっているのかを確認しよう**

　受益者負担の状況は、「歳入はどのくらい税収等で賄われているのか（受益者負担の水準はどうなっているのか）」といった住民等の関心に基づくものです。財務書類においても、行政コスト計算書において使用料・手数料などの受益者負担の割合を算出することが可能であるため、これを受益者負担水準の適正さの判断指標として用いることができます。

受益者負担の割合

　行政コスト計算書の経常収益は、使用料・手数料など行政サービスに係る受益者負担の金額であり、これを経常費用と比較することにより、行政サービスの提供に対する受益者負担の割合を算出することができます。なお、ここでは、一般会計等での受益者負担の割合を取り上げますが、病院、ガス、上下水道事業などは、通常の行政サービスと異なり、受益者負担の数値が高くなることに注意が必要です。

　行政サービスを提供するために発生したコストを税収等で賄うことができれば問題はありませんが、今後、長期的には税収の減少傾向がみられる中で、持続的に行政サービスを提供していくには、受益者が応分の負担をしていく必要

があることも検討しなくてはいけません。

参 照 書 類	参 照 箇 所	習 志 野 市
行政コスト計算書	経常費用	49,944,484,101円
	経常収益	2,961,721,089円
■計算式	経常収益÷経常費用×100	
■習志野市	2,961,721,089円÷49,944,484,101円×100≒5.4%	
■全体平均	5.1%	
A：3千人未満	6.3%	
B：3〜5千人未満	5.7%	
C：5千〜1万人未満	5.5%	
D：1〜3万人未満	4.9%	
E：3〜5万人未満	4.7%	
F：5〜10万人未満	4.7%	
G：10〜20万人未満	4.7%	
H：20〜50万人未満	5.2%	
I：50万人以上	5.9%	

・**筆者分析**（所見）　習志野市は受益者負担の割合が5.4％で、平均的な数値です。人口規模によっても大きな差はありません。自治体が提供するサービスを税金で賄うのか受益を受ける者が負担するのかは、自治体によって基準を設けている場合が多いと思います。最終的には首長の政治的決定となるわけです。受益を受ける者に負担をしてもらうには、使用料及び手数料に関する条例の制定も必要になってきます。その場合は議会の承認も必要になってきます。この事業ごとや施設別など、減価償却費等を含む受益者負担の費用構造を明らかにしたうえで、住民の理解を得る必要があるといえるでしょう。もちろん議会・議員も、住民に対して、説明責任があります。その意味から、この指標は非常に重要であるといえます。

◆ 指標の組合せ分析について

　一つの指標で表される数値が他の団体と同程度であったとしても、他の指標を加えることで別の評価軸が入り、より多角的かつ詳細な分析が可能となります。そのため、単独の指標について順位付けを行ったものにより判断することに比べて、指標の組合せ分析は財政分析を行うために意義のある取組みとなります。

　総務省ホームページ掲載の財政状況資料集においては、「将来負担比率」と「有形固定資産原価償却比率」の組合せ分析について、当該団体の経年の推移や類似団体との比較を示したグラフと、自治体自らの分析コメントが掲載されています。確認してみてください。

　地方公会計から得られる情報を活用した組合せの分析については「地方公会計の推進に関する研究会（令和元年度）報告書」（令和2年3月）の中で「住民1人当たり資産額×住民1人当たり負債額」と「住民1人当たり償却固定資産の取得価額×有形固定資産減価償却率」の指標の組合せが例示されました。

　これらの指標については散布図を作成した上で、他団体と比べて上下左右のどのエリアに位置するかによって、どのような解釈が可能か、また、大きく外れた値となった場合にはどのような解釈が可能かについて分析を行うことが有効であるとされました。

①住民1人当たり資産額×住民1人当たり負債額　散布図

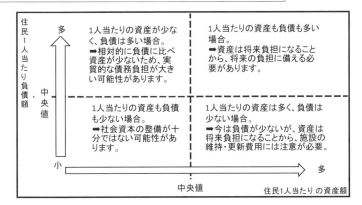

②住民1人当たり有形固定資産の取得価額×有形固定資産減価償却率　散布図

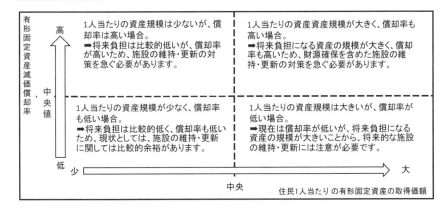

ざっくりポイント

指標は、人間の健康診断の数値と同じようなものといえます。まずは、数値の意味をしっかり理解しましょう！　そして、自治体の規模や状況によって健康な数値は異なってくるということも併せて理解しましょう！

217

第3節　習志野市の活用事例～バランスシート探検隊事業～

◆ 習志野市のバランスシート探検隊事業

　『統一的な基準による地方公会計マニュアル』（平成27年1月、総務省）において、財務書類の活用方法が「財務書類等活用の手引き」として紹介されています。上記マニュアルの作成にあたっては、「今後の新地方公会計の推進に関する実務研究会」で議論がされ、筆者もこの研究会に参加し、活用事例報告の中で習志野市のバランスシート探検隊事業等について報告を行いました（第7回委員会（平成26年12月25日開催））。以下、同事業についてご紹介していきます。

　習志野市では予算や決算などの財政状況を、広報紙やホームページで定期的に公表しています。平成20年度決算からは、公会計制度改革により通常の官庁会計による決算だけではなく、企業会計の考え方を導入した貸借対照表（バランスシート）、行政コスト計算書、資金収支計算書、純資産変動計算書の4つの財務書類を作成し、公表しています。官庁会計は現金主義、単式簿記のため、一般的な企業で作成されている財務書類と違うことが財政状況を理解しづらいものとしている一因でもあります。企業会計の考え方を導入した財務書類を作成したからといって、財政用語は難しいというイメージは拭えず、住民に理解してもらうのはなかなか難しいと感じています。

　そのような中、財務書類の中で最も重要と著者が考えている貸借対照表（バランスシート）を住民にもっと理解してもらいたいと、「バランスシート探検隊事業」を企画しました。そして平成23年度に、市職員だけでなく千葉大学との官学協働事業として、会計のゼミ生である千葉大学の学生や高校生と一緒にバランスシートを「高校生にも分かる」視点で読み解く、全国でも初めての取組みとして実施しました（図表4-9）。その後も1年おきに実施しています。

図表4－9　千葉大学との官学協働事業として実施した「バラン
　　　　　スシート探検隊事業」

◆ 住民に理解してもらうためには、分かりやすい言葉で

　探検隊は、貸借対照表（バランスシート）とはどのようなものなのか、とい
うことの勉強から始めました。そして市職員が大学生と一緒に、高校生に対し
て分かりやすく説明するためのレクチャーノートを作成し、大学生が高校生に
説明しました。バランスシートの構成要素である資産や負債、純資産といった
概念は理解できたようでしたが、純資産比率や資産老朽化比率となると、やは
り高校生には、「何となく分かるような？」というような感触でありました。
高校生、そしてすべての住民に理解してもらうためには、もっと分かりやすい
言葉で説明しなければならないということを実感しました。

　その後、グループごとに「資産」の中から、詳しく調べたい市の施設を選
び、施設視察を実施しました。バランスシート上ではただの数字上の情報でし
かなかった資産に直接に触れたことにより、多くの隊員から「バランスシート
を身近に感じることができた」「バランスシートが資産の積み重ねであること
を実感した」といった感想を聴くことができました。このことから、施設視察
がバランスシートを理解してもらうためのいいきっかけとなったと考えていま
す。

　また、施設を視察する際に、その施設がどのような役割を果たしているのか

を事前に学習し、さらに施設職員の説明を受けたことにより、「施設の資産価値や実際の利用状態が確認でき、より理解が深まった」との感想も聞かれました。消防施設の視察では、バランスシート上の耐用年数を超えても利用できている防火水槽が多く存在することを知り、バランスシート上の価値とは違う価値を見出すこともできました。まさしく「百聞は一見に如かず」で、バランスシート上の数値だけでその資産の価値を判断してはいけないということを改めて感じました。

　習志野市の所有する公共施設の今後の更新費用を考えると、既存の施設についても取捨選択をして更新をしていかなければならない厳しい財政状況です。その取捨選択にあたっては、資産の価値や費用対効果だけではなく「世代間負担の割合」という視点から地方債（負債）の利用方法の検討やライフサイクルコストについても、十分研究したうえで進めていかなければならないと改めて実感しました。

　「バランスシート探検隊事業」という取組みは、セグメント情報を住民と一緒に考えていくためのモデル事業となりました。この事業のように、バランスシートを住民の目線で読み解いていく取組みが、多くの自治体で取り入れられ、それぞれの住民の方々がバランスシート、そして自治体の財務状況に少しでも興味を持ち、理解するための手立てになればと思います。その後、バランスシート探検隊事業は、愛媛県砥部町、鹿児島県和泊町、熊本県和水町、大阪府大東市など全国に広がっています。

　バランスシート探検隊事業を行うにあたり、「レクチャーノート」を作成しました。このレクチャーノートを財務報告書に掲載することにより、より多くの住民に理解を深めてもらえればと願っています。以下では、レクチャーノートの中から、筆者が議員視察のときに紹介している内容を説明していきます。皆さんが新公会計の指標を使って分析を行う際の参考にしてください。

◆ 下水道事業をマクロ的に分析してみよう

　以下の分析は、下水道事業における「下水道施設」「下水道管きょ」につい

て、今後の更新費用を分かりやすく提示し、インフラ資産である下水道の老朽化対策を検討することを目的としています。

　まず、固定資産台帳から下水道事業の「下水道施設」「下水道管きょ」を年度別に整理し、下水道事業の主な出来事を併記した資料を作成しました（図表4−10）。

　図表4−10は、固定資産台帳を整備すればどの自治体も作成が可能です。横軸が年で、縦軸が金額（期末簿価と減価償却累計額）になっています。これにより、下水道事業がどのような経過で整備されていったのかが一目で分かります。ところで、下水管は、大規模開発の際には、事業主がその費用を負担し、完成後に市が移管を受ける場合があります。習志野市は、東京湾を埋め立てた大規模造成工事などがあるため、下水道の管きょの事業費の約1／4程度は移管されたものであることが、固定資産台帳を整備したときに判明しました。

　こういった試みを通して、下水道事業費の累積事業費（移管による取得を含む）が1,500億円を超えていることや、減価償却累計額が約700億円であること

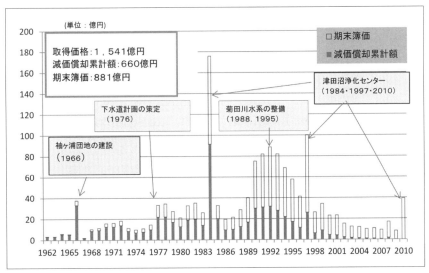

図表4−10　習志野市の下水道事業につき年度別に整理、主な出来事を併記したもの

など、具体的な数字を分かりやすく示すことができます。この事例は、下水道事業の「セグメント分析」といえるでしょう。このようにみれば全体像が分かりやすいという、マクロ的な視点による公会計活用の事例です。

◆　小学校校舎をミクロ的に分析してみよう

　以下の分析は、公共施設の老朽化対策の中でも、特に高度成長時代に設立された袖ヶ浦東小学校校舎の現状を分かりやすく説明し、把握することに目的があります。

　まず、固定資産台帳の袖ヶ浦東小学校校舎のデータと児童数を対比させた資料を作成します（図表4－11～13）。

　固定資産台帳等のデータからは、児童数の増加に併せて校舎を次々に建設したことや、体育館が完成した1975年が児童数のピークであり、それ以降児童数が減少していること、資産老朽化比率（有形固定資産減価償却率）も非常に高い

（単位：円）

名称	取得年	耐用年数	取得価額 （再調達価額）	減価償却 累計額	期末簿価	延床面積
校舎①	1969年	47	494,400,000	429,732,480	64,667,520	3,646㎡
校舎②	1971年	47	180,030,000	152,665,440	27,364,560	1,033㎡
校舎③	1974年	47	97,271,600	74,237,652	23,033,948	857㎡
体育館	1975年	47	195,067,000	144,739,700	50,327,300	814㎡

図表4－11　習志野市固定資産台帳（平成22年）の袖ヶ浦東小学校校舎データ

校舎①	86.9%	➡	429,732,480円÷494,400円×100≒86.9%
校舎②	84.8%	➡	152,665,440円÷180,030,000円×100≒84.8%
校舎③	76.3%	➡	74,237,652円÷97,271,600円×100≒76.3%
体育館	74.2%	➡	144,739,700円÷195,067,000円×100≒74.2%

図表4－12　校舎別の資産老朽化比率（有形固定資産減価償却率）
※老朽化比率＝減価償却累計額÷取得価額×100

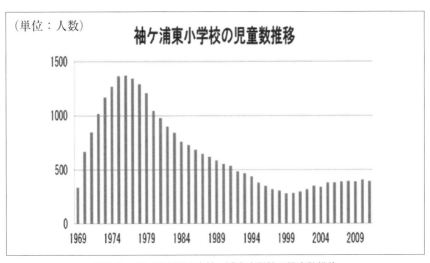

図表4-13　習志野市立袖ヶ浦東小学校の児童数推移

状況であることなどが読み取れます。このように、新公会計によって得られるようになった具体的な数値によって詳細な分析ができるようになるのです。この事例では、個々の小学校を例にとり、ミクロ的なセグメント分析を行いました。このような分析を行うにあたっては、住民にとって分かりやすい指標（今回は「児童数」）を用いることで、より理解が深まるのではないでしょうか。

◆　「橋」の状況を台帳から把握しよう

　橋梁の老朽化の現状とその対策としての橋梁長寿命化修繕計画について、固定資産台帳と橋梁台帳に直目し、分析を行うことができます。習志野市では、老朽化対策について理解を深めることを目的として実施しています。

　習志野市の「鷺沼中央跨線橋」の橋を例にとり、検証します（図表4-14）。今までの現金主義会計では、橋の管理としては「橋梁台帳」により、橋の延長、幅員、構造などが記載されていましたが、これには金額情報がないという欠点がありました。金額情報を調べるとすれば、決算書などの情報から調べるしかありません。この場合も工事や補修費の支出金額で調べることは可能です

③鷺沼中央跨線橋

橋梁番号	1	所在	鷺沼台3丁目	路線名	市道〇〇－〇11号線

橋梁台帳より		平成24年度	固定資産台帳より					単位：円
		公有財産No.	取得年度	稼働年数	耐用年数	当期取得額	減価償却累計額	期末簿価	老朽化比率
建設主体	他								
延長(m)	214.00	橋梁00022-01	昭和48年度	39	60	960,260,800	621,672,831	338,587,969	64.7%
幅員(m)	8.00	橋梁00022-02	平成20年度	4	60	64,501,500	4,282,896	60,218,604	6.6%
面積(m2)	1,712.00	橋梁00022-03	平成21年度	3	60	49,530,600	2,466,621	47,063,979	5.0%
建設後年数	39.0	橋梁00022-04	平成21年度	3	60	1,162,200	57,876	1,104,324	5.0%
建設年次	昭和48年	橋梁11085001	平成23年度	1	60	58,800,000	976,080	57,823,920	1.7%
主桁構造	鋼構造＋C	建設仮勘定12085001	平成24年度	0	0	(2,100,000)	0	(2,100,000)	0.0%
耐用年数	75	建設仮勘定12085002	平成24年度	0	0	(493,500)	0	(493,500)	0.0%
対応年数－建設後年数	36	建設仮勘定12085003	平成24年度	0	0	(280,350)	0	(280,350)	0.0%
跨線・跨道	在来線	建設仮勘定12085004	平成24年度	0	0	(151,330,930)	0	(151,330,930)	0.0%
備　考			合計			1,134,255,100	629,456,304	504,798,796	55.5%

平成24年度　バランスシート

資産 (659,003,576円)	負債 (137,240,017円)
	純資産 (521,763,559円)

平成9年度以降工事・補修費決算額

年度	決算額(円)
平成9年度	60,270,000
平成12年度	22,470,000
平成18年度	9,450,000
平成20年度	64,996,050
平成21年度	51,186,300
平成22年度	600,000
平成23年度	61,896,343
平成24年度	158,236,780
合計	429,105,473

図表4-14　鷺沼中央跨線橋の状況について

が、本来資産となるべきなのか、費用にすべきかが分からない場合があります。他方、発生主義会計に基づいて作成された固定資産台帳は会計帳簿のひとつですので、取得時の金額情報と減価償却累計額なども記載することにより、現在の会計上の価額が算定されています。併せて、地方債の借金を調査することにより、「鷺沼中央跨線橋」の貸借対照表も作成することも可能となります。

橋梁台帳と固定資産台帳では、

耐用年数の考え方が違う部分もありますが、橋梁の維持管理には、固定資産台帳の情報を活用することは不可欠であることも分かりました。

　習志野市では、バランスシート探検隊事業として位置付け、千葉大学の協力を得て実施しました。この事業には、橋梁の担当部署の職員にも参加してもらうことにより、固定資産台帳の重要性も認識してもらうことができました。情報の提供について、マンガの手法を取り入れたことも特徴のひとつです。

ざっくりポイント

バランスシート探検隊事業は、全国から注目されている、習志野市発祥の新公会計制度の取組みです。目で見て感じて体験して、わがまちの財務状況をチェックしましょう！

第4節　習志野市の活用事例〜その他の活用事例〜

◆ 債権管理における財務書類の活用

　習志野市では、未収債権の種類ごとに担当課が分かれる中で、全庁統一的な基準による徴収手続が実施されていませんでした。貸借対照表で市全体の債権額が改めて明らかとなり、未収債権の徴収体制の強化の必要性が認識されるようになりました。

平成24年度貸借対照表（単体）	
【資産の部】	（単位：円）
債　　権	8,232,286,996
税等未収金	2,842,684,333
未収金	1,108,896,584
貸付金	4,544,682,918
その他の債権	6,675,480
貸倒引当金	▲270,652,319

(注) 貸倒引当金は、統一的基準では「徴収不能引当金」と呼ばれています

図表4-15　習志野市平成24年度貸借対照表（債権）

　図表4-15の貸借対照表から分かることとしては、貸倒引当金を控除しても、債権が82億円余りも存在していることや、その内訳は、市税、介護保険料、市営住宅使用料、給食費等、複数の担当課にまたがっていることでした。これを受けて、習志野市では全庁的な取組体制の構築に取り掛かりました（図表4-16）。貸借対照表によって市全体の債権額が「見える化」されたことを契機として、未収債権の徴収体制が強化されたといえるでしょう。その後も、貸倒引当金が財務書類に記載されることで、控除後の債権額が徴収目標となり、職員の取組意識が向上しています。

①債権管理条例の制定（平成25年4月1日）
　全庁における債権管理の適正化、統一的な徴収手続について規定
②債権管理課の設置（平成25年4月1日）
　当該課において徴収困難事案を集中処理
③債権管理連絡会議の設置（平成26年9月1日）
　関係課における徴収の取組みについての情報共有や連絡体制の構築

図表4-16　習志野市の債権管理に関する全庁的取組み

◆ **公共施設マネジメント推進のための施設別サービスコストの住民への公表**

　習志野市では、施設別のサービスコストを住民に提供するとともに、公共施設のマネジメントにも活用する試みを実施しました。施設別のコストが比較できることにより、今後の施設再生計画に活かすことが可能となります。図表4−17が、施設別サービスコスト一覧です。

施設名称	人件費 (千円)	減価償却費等 (千円)	事業費 (千円)	構成比	総コスト (千円)	市民1人 当たり のコスト (円)	1日あたり のコスト (365日) (円)
芝園清掃工場 (前処理施設含む)	88,942	371,796	1,130,011	23% 6% 71%	1,590,748	9,713	4,358,214
リサイクルプラザ	13,411	60,074	8,897	16% 11% 73%	82,382	503	225,705
茜浜衛生処理場 (し尿収集委託含む)	31,896	72,096	103,265	15% 50% 35%	207,256	1,265	567,825
勤労会館	14,432	6,945	14,891	40% 41% 19%	36,269	221	99,366

(参考)

市民1人あたりのコスト（上位5施設）	金額（円）
芝園清掃工場（前処理施設含む）	9,713
津田沼浄化センター	8,973
習志野高校	4,492
給食センター	3,902
東習志野こども園	2,220

市民1人あたりのコスト（下位5施設）	金額（円）
あづまこども会館	112
屋敷公民館	178
東習志野図書館	179
実花公民館	180
袖ケ浦第二保育所	195

人件費の比重（上位5施設）	割合（％）
ひまわり発達相談センター	96.00%
菊田第二保育所	89.36%
本大久保第二保育所	87.66%
袖ケ浦東幼稚園	87.65%
谷津南保育所	87.44%

人件費の比重（下位5施設）	割合（％）
津田沼浄化センター	2.59%
芝園清掃工場（前処理施設含む）	5.59%
第五中学校	6.00%
谷津小学校	7.67%
第七中学校	7.87%

※小学校・中学校には県教員の人件費が含まれていない。

図表4−17　習志野市施設別サービスコスト一覧

◆ **公共施設再生計画（データ編）との連携**

　習志野市では、公共施設の再生計画策定にあたって、固定資産台帳のデータ

及び公会計のコスト情報を盛り込みました。図表4－18で、詳しくご紹介します。

　図表4－18の「コスト情報」中、「事業費」では、複式簿記の仕訳後の科目で、所管課で予算措置した費用（直接事業費）と、所管課で予算措置がない場合であっても該当施設のコストと考えられる費用（間接事業費）を按分して計上しています。「減価償却費」は、固定資産の中で、土地などの使用により価値の減少しないものを除いて、使用年数に伴って減少する資産の価値の減少分を計算したものをいいます。ここでは公会計の固定資産台帳に計上してある減価償却費を計上しています。「人件費」では、職員、再任用職員、臨時的任用職員の各平均額、及び報償費、賃金、退職給付費用を計上しています。発生主義に基づく退職給付費用を算定しています。「決算額」としては1年間にかかったコストを決算額として表示しています。

　これらの効果等としては、公共施設再生計画（データ編）と公会計情報から得られるコスト情報を連携させることで、資産の適切な管理、施設統廃合における運営費削減等の見える化、予防保全等に役立てることが可能となります。また、課題として、公会計に対応した固定資産台帳と習志野市公共施設再生計画（データ編）は施設番号共用化などにより連携を強め、施設経営の判断指標

番号		施設名	大久保小学校					
建物所在地		藤崎6-9-28		所管課	教育総務課			
建物種別		小学校		14コミュニティ	藤崎		駅勢圏	京成大久保駅
複合施設				再調達価額	811,290,000 円		中学校区	第六中学校区
隣接施設		大久保児童会・大久保第二児童会		土地面積	14992.00 ㎡		用地地域	第一種中高層住居専用

建物情報

棟名	延床面積	築年度	年度・耐用年度		Is値・耐震	階数	保有形態
東校舎	4,071 ㎡	1965		2015	改修済	4F	所有
西校舎	1,913 ㎡	1970		2020	改修済	4F	所有
体育館	875 ㎡	1959	1997		0.75		所有
付属棟	52 ㎡	1971		2021	－		所有
総延床面積	6,911 ㎡	凡例・耐用年数	■…鉄筋コンクリート造(50年)、■…鉄骨造(38年)、■…軽量鉄骨造・木造(22年)				

バリアフリー

入口スロープ	施設内段差なし	手すり	点字ブロック	エレベーター	オストメイト・車いす対応トイレ	避難所	AED設置
						○	○

コスト情報

種別	決算額	床面積㎡あたり	市民1人あたり	児童1人あたり	構成比	児童数(H23)
事業費	80,165,052 円	11,600 円/㎡	498 円/人	77,982 円/人	30% / 47% / 23%	1,028人
減価償却費	39,113,070 円	5,660 円/㎡	243 円/人	38,048 円/人		基準人口
人件費	51,615,312 円	7,469 円/㎡	321 円/人	50,209 円/人		(平成23年3月)
合計	170,893,434 円	24,728 円/㎡	1,062 円/人	166,239 円/人		160,991人

図表4－18　施設カルテ（大久保小学校）

とすることを挙げてきましたが、平成28年度予算執行時から、公共施設ごとの「施設マイナンバー」を伝票に入力をするようになり、今後さらに資産の適切な管理が進んでいくことと期待しています。

◆ 市の財政を「家計簿」に見立ててみよう

　習志野市の財務状況を市民に理解してもらうことを目的として、市内在住のファイナンシャルプランナー（5名）が、資産や負債を盛り込んだ市の「家計簿」を作成し（図表4-19）、過去の状況や他市の状況などから家計簿をチェックする企画を平成24年12月に行いました。市民に公開する形で座談会を実施し、ファイナンシャルプランナーがコーディネータを務め、公会計の専門家からの助言、公募市民からの意見を参考に、習志野市のライフデザイン・ライフプランについて話し合いました。公募市民からは「市民が市政に関心を持つよい企画」「財政の問題を市民に伝える手法として新しい」「市の財政を身近に感じることができた」などの前向きな感想が寄せられ、非常に実のある座談会になりました。

（単位：円　市民10人当たりで換算）

年度		平成23年度	平成24年度	平成25年度	平成26年度	平成27年度	平成28年度
人口構成	１５歳未満人口（人）	23,016	22,220	23,344	23,302	23,316	23,236
	１５歳から64歳（人）	109,191	109,197	109,754	109,702	110,152	110,264
	６５歳以上（人）	31,515	33,605	35,363	36,822	38,004	38,833
	計	163,722	165,022	168,462	169,826	171,472	172,332
	男（人）	81,781	83,859	85,050	85,693	86,478	86,868
	女（人）	81,941	82,163	83,412	84,133	84,994	85,465
	平均年齢（歳）	42.6	42.5	42.8	43.1	43.3	43.5
項目	上昇率						
収入	給料　注	1,927,408	1,927,514	1,937,346	1,936,428	1,944,371	1,946,348
	貯蓄の取り崩し　注	83,768	16,335	16,335	16,335	16,335	16,335
	親からの援助　-1.0%	1,057,788	1,047,210	1,036,738	1,026,371	1,016,107	1,005,946
	借金による収入　注	347,363	185,665	249,753	327,416	399,182	480,026
	収入の合計①	3,416,327	3,176,724	3,240,172	3,306,550	3,375,995	3,448,655
支出	基本生活費　0.0%	317,717	317,717	317,717	317,717	317,717	317,717
	住居関連費　1.0%	439,317	443,710	448,147	452,629	457,155	461,727
	教育費　1.0%	529,853	535,152	540,503	545,908	551,367	556,881
	医療・介護費　5.0%	1,049,807	1,102,297	1,157,412	1,215,283	1,276,047	1,339,849
	趣味の費用　-1.0%	300,973	297,963	294,984	292,034	289,113	286,222
	保険料　-1.0%	123,602	122,366	121,142	119,931	118,732	117,544
	町内会費　-1.0%	31,695	31,378	31,064	30,754	30,446	30,142
	借金の返済　1.0%	303,151	306,183	309,244	312,337	315,460	318,615
	臨時出費（災害）　—	51,761	0	0	0	0	0
	雑費　0	19,958	19,958	19,958	19,958	19,958	19,958
	支出の合計②	3,167,834	3,176,724	3,240,172	3,306,550	3,375,995	3,448,655
	年間収支 ③	248,493	0	0	0	0	0
	貯蓄残高	326,691	310,356	294,021	277,686	261,351	245,016
	借金残高	2,859,000	2,738,482	2,678,991	2,694,070	2,777,793	2,939,203

図表4－19　習志野市の家計簿

ざっくりポイント

バランスシート探検隊事業をはじめ、住民合意を得るための資料として、様々な場面で財務書類の活用が期待できます。

第5節　一般質問を通して公会計改革を推し進めよう

◆ 一般質問が、公会計改革を進めてきた

　ここまで、新公会計の活用事例をご紹介してきました。自治体議員の皆さんには、ぜひ一般質問等を活用して、自治体の公会計改革を後押ししてもらいたいと思います。習志野市は公会計改革の先進市であるといわれ、多くの自治体職員や議員の方の視察を受け入れています。このような改革を進められた大きな要因として、議会での「一般質問」や「質疑」が挙げられます。住民の代表者である、議員からの一般質問等で投げかけられた内容は、自治体の執行部としても、しっかり受け止め、取り組むことが必要です。公会計改革などは、簡単に取り組めない部分もありますが、少しずつ進めていくことが肝要です。

◆ 公会計改革、こんな質問を

　以下では習志野市議会における、平成11年度からの公会計改革に関連する一般質問や質疑をいくつかご紹介します。それぞれの自治体において公会計改革を推し進める参考にしてください。

事例

■平成11年9月定例会（9月16日）

質問内容要旨	市長答弁内容要旨
行財政改革の推進のために市民が分かりやすいバランスシートの作成及び公表が必要ではないか。	現行の官庁会計では表に出てこない負債や資産関係など、ストック情報などのバランスシートを官庁会計に導入すべきという意見や根本的な財政構造の改善にならないなど懐疑的な見解や制度採用に消極的な意見もあります。しかしながら、自治省（現在の総務省）においては「地方公共団体の総合的な財政分析に関する調査会」を設置し、統一基準の作成の研究に入っています。

	本市としては、自治省が作成する統一基準が示されたならば、これを参考にバランスシートを作成したいと考えております。

再質問内容要旨	財政部長答弁内容要旨
バランスシートについては、国の統一的な基準が作成されたなら、それに基づいて作成するとの答弁であるが、本市独自の基準をつくりながら、バランスシートをつくる必要があるのではないか。	国の基準が出てきて、他市との比較等ができたときにバランスシートの効果が大きいものとなります。 　今後の考え方として、複式簿記あるいはバランスシートの見方を勉強して、内部的にバランスシートの作成を考えていますが、他市比較ができない状況においては、研究課題とさせていただきたいと思います。

（筆者コメント）

　どの自治体も、財政状況が厳しい時代に突入していた頃です。習志野市も平成8年度以降「財政非常事態宣言」を継続している状況であり、この間に行政改革推進本部を設置して、行政全般にわたる見直し作業に取り組んでいる状況でした。

　バランスシートの作成が議論される背景としては、石原元東京都知事が就任したのもこの頃です。世論の高まりに加えて、大分県の臼杵市など前向きな団体も増えている状況でした。

　習志野市は、市長及び部長答弁にあるように、国が統一的な基準を作成したあとにバランスシートを作成しようという考えでした。このときは、先進的にバランスシートを作成することよりも、具体的な職員の削減などの行政改革推進に取り組みました。この質問に対する部長答弁から、職員は簿記やバランスシートを勉強しなければならないということを認識することができたという点において、習志野市の公会計改革のスタートに立つことができたと感じています。

■平成19年6月定例会（6月12日）

質問内容要旨	市長答弁内容要旨
今現在、財務諸表作成に対して、どういう取組みがなされているのか。習志野市のほとんどの資産は有形固定資産だと思うが、今後は	最近の夕張市の破綻や、増え続ける国と地方の借金の状況を考えると、これからの行財政の運営にあたっては、公会計制度の改革が必要であると考えています。財務諸表4表の作成は、平成20年度決算から適用され、基準となる作成

減価償却費が会計上のコストとなってくるのではないか。	要領は今年度中には総務省から示される予定となっておりますので、公表までの残された時間は２年余りと、わずかしかありませんが、鋭意研究を進め、ぜひとも期限内に完成をしたいと考えています。 　行政コスト計算書の作成が課題となっていることから、できるだけ早く減価償却費を含む行政コスト計算書を作成し、経営的な視点から本市の財政的な状況を分析していきたいと考えています。

（筆者コメント）

　平成19年の６月は、「地方公会計改革プロジェクト」を立ち上げ、習志野市が進むべき地方公会計の方向性を検討した時期です。筆者が、このプロジェクトに委員長として参加して、現在まで公会計改革の業務に携われた大きな要因のひとつとして、議会における一般質問などの対応が必要なことだったのではないかと感じています。

　議員の方からの一般質問の内容も、今回の減価償却費など、少しずつ踏み込んだ内容となってきていることは望ましいことと感じました。

■平成20年９月定例会（９月11日）

質問内容要旨	財政部長答弁内容要旨
地方債の発行について	今度始まります地方公会計改革の中でのバランスシートの客観的な指標に基づいて適正な管理を行っていくという運用条件の中で、習志野市の財政運営に支障がないというような範囲内で地方債の発行を行っていきたいと考えています。

（筆者コメント）

　地方債の発行に対しても、公会計改革は有効なデータを提供しなければいけないのですが、残念ながら、この部分に関してはいまだに検討中です。大きな要因のひとつとして、過去の地方債の発行が施設別や事業別にどれだけ財源充当して、どれだけの効果があったのかが検証できていないためです。そもそも、どの施設や事業に地方債を発行したのかの内訳が分からないからです。

■平成20年9月定例会（9月11日）

質問内容要旨	市長答弁内容要旨
経営改革の取組みについて	経営改革推進室を中心として、公会計制度への対応などの課題に鋭意取り組んでいきたいと考えています。

（筆者コメント）
　経営改革の取組みとして公会計制度の対応に鋭意取り組んでいることを市長より答弁していただきました。当時の経営改革推進室は市長室の隣にあることから、頻繁に市長も執務室に足を運びました。

■平成20年9月定例会（9月17日）

質問内容要旨	財政部長答弁内容要旨
決算のあり方について、来年度は公会計というものが導入され、ますます議会にとっても、あるいは地方自治体にとっても決算の重要性があると考えるがいかがか。	おっしゃるとおりの状況であると、私もそのように思っています。

（筆者コメント）
　議員サイドから決算の重要性を質問してもらったことに意義があります。

■平成21年3月定例会（3月10日）

質問内容要旨	市長答弁内容要旨
市長の政治姿勢について～新年度予算について～	平成21年度は財政の健全化に関する法律や新たな公会計制度の導入など、健全財政に係る指標並びに財務状況の評価に基づき、さらなる効果的・効率的な行財政運営に努めてまいります。

（筆者コメント）
　行財政運営に公会計制度の導入が必要であるとの答弁をしていただきました。公

会計制度がだいぶ周知されてきたという感じがしていた時期です。

■平成22年 3 月定例会（ 3 月10日）

質問内容要旨	経営改革推進室長答弁内容要旨
公会計を導入して、全事業の市民 1 人当たりの事業コストなど分かりやすい情報提供をしてはいかがか。	平成20年度決算から財務書類 4 表を作成し、年次財務報告書2008ということで最終的な編冊作業を行っております。 　今後、公表させていただきます各事業あるいは施設に落とし込んで分類していくにあたっては課題もあります。こういった課題をクリアしながら、大きいものから順次作成をしていきたいと考えております。

（筆者コメント）
　事業コストを算定することの課題とは、予算執行上事業別や施設別に伝票の入力がされていないことだったのです。例えば、小学校の水道光熱費は小学校全体で入力してあり、個別の小学校ごとの金額が分からないので、個別の小学校ごとのコストも分からないということです。この問題点は、平成28年に伝票入力時に施設ごとの金額を入力するシステム改修により解決をしました。

■平成22年 6 月定例会（ 6 月10日）

質問内容要旨	市長答弁内容要旨
習志野市財務報告書が公表された。当局は、この 4 表財務諸表をどのように分析し、習志野市の経営改革プランに反映させ、将来の本市に及ぼす財務状況の展望をしているのか。	現在は将来予測が非常に難しい時代となっていますが、財務報告書を用い、市の資産や債務の情報を開示することにより、市民の皆様への説明責任を果たすとともに、今後は事業別、施設別などのコスト分析にも取り組み、財務報告書を最大限に活用した、より効果的な行政サービスの手法を確立することによって、持続可能な行財政運営を行ってまいりたいと考えております。

（筆者コメント）
　財務報告書を刊行したことを受けた一般質問でした。公会計改革の第 1 歩が踏み出せたと感じています。習志野市単体の純資産比率は83％であり、社会資本の整備

状況を表す 1 人当たりの公共資産額や 1 人当たりの負債額などは他市と比べても上位の数字であることを示すことができました。これは習志野市が行財政改革に取り組んだ結果であると、市長答弁ができたことはよかったと感じています。

■平成22年 6 月定例会（ 6 月16日）

質問内容要旨	市長答弁内容要旨
トータルコスト予算について	コスト意識を高めた予算編成に取り組んでいくためには、現金の出入りだけではなく、発生主義会計に基づいて作成した行政コスト計算書を、どのように活用して予算編成に取り組んでいくかについても検討していくことが必要であると考えております。 　このようにトータルコストという視点に立った取組みを行っているところですが、さらに職員のコスト意識を高め、人件費もコストであることの強い意識付けが図れるよう、トータルコストによる予算分析の手法について研究していきたいと思います。

（筆者コメント）
　トータルコストによる予算分析の手法の研究は容易ではありません。予定バランスシートを作成し、将来の減価償却費や地方債の利息などのできる部分から研究していく必要があると思います。

■平成22年 9 月定例会（ 8 月31日）

質問内容要旨	市長答弁内容要旨
習志野市の財務報告書から本市の財政事情をどう分析するのか。	分析結果から、習志野市の最大の課題は、資産の更新問題であり、更新費用が基金等の積立金として内部留保されていません。習志野市民 1 人当たりでみてみると、資産額は上位になっている一方、 1 人当たりの資産額に対する経常的な行政コストの比率は低いことも分かりました。本来であれば、資産が多ければ、資産を維持するためのコストがかさむはずでもあるにもかかわらず、資産を維持するためのコストが捻

	出できていない状況になっています。 　また、公共資産の維持・更新の可能性について、資産の老朽化比率や基金の積立額などにより総合的に分析した結果、すべての資産を更新することは厳しいという結果が浮き彫りになりました。 　財務書類の役割は、資産を把握し、資産の選択と集中を内容とする中・長期的な経営改革の策定に役立てることと考えています。

（筆者コメント）

　財務書類を公表したことによる質問でした。分析結果などから、習志野市の最大の課題は資産の更新問題であることがはっきりしました。このことにより、公会計改革の初期の目的は達することができました。以後、この資産の更新問題を解決するための「資産マネジメント」の部門を強化することになりました。

■平成22年12月定例会（12月3日）

質問内容要旨	市長答弁内容要旨
本市が取り組んできた行政改革の成果を活かして、次のステップに続いていくためにはどのようなことに取り組むのか。	公共施設マネジメント白書や公会計制度改革に基づく財務書類を作成する中で、将来にわたる本市の抱える課題も明らかになってきました。現在の財政状況から、すべての資産の更新は不可能です。したがって、少子高齢化、人口減少社会といった時代の変化を踏まえ、選択と集中による資産更新を真剣に考える時期であると考えています。
	経営改革推進室長答弁内容要旨
	具体的な内容の主なものとして、公正で透明な自治体経営におきましては、公会計制度改革に基づく財務書類の公表とその活用があります。 　今後、これらの掲げられた改革項目をさらに具体的な実施計画に落とし込み、着実に一つひとつ具体化をして取り組んでいくことで、次のステップに前進し、新たなまちの姿がみえてくると考えています。

（筆者コメント）

　行政改革という大きな枠組みの中の質問でした。いずれにしても、公会計改革は行政改革を行ううえでの必要なツールになってきたのかと思います。

■平成23年3月定例会（3月4日）

質問内容要旨	市長答弁内容要旨
公会計の各種指標データの分析から、新年度予算にどのような点が反映されているのか。	平成23年度予算編成時においては、財務書類を活用した予算編成という段階には至っておりません。 　公会計改革を進めることにより、資産改革の基礎資料となる施設別のライフサイクルコストや資産データの解析が実行され、さらには行政評価の取組みのための目的別の行政コスト計算書やコスト計算の分析に取り組んでいかなくてはならないと考えています。今後は、このような資産改革、行政評価の取組みが活かされるような予算編成の仕組みづくりが求められているものと考えております。

（筆者コメント）

　公会計改革を行ううえでの成果を求められていた頃です。答弁にあるように、予算編成には直接結び付いていないのが現状です。

■平成25年3月定例会（3月1日）

質問内容要旨	市長答弁内容要旨
維持保全に係る新たな基金の創設について	平成24年5月に公表した公共施設再生計画基本方針には、減価償却費の考え方の導入及び基金の創設と積立てのルール化が掲載されています。これまでの公会計制度では減価償却という考え方がありませんでした。しかし、公共施設の老朽化問題が社会問題化し、また公会計制度改革による財務諸表作成が求められている現状においては、減価償却の考え方を導入し、将来の更新コストを内部留保していくことが必要で

| | す。そのために、一定のルールのもとで積立て
を行う新たな基金の創設を検討します。 |

（筆者コメント）

　平成25年12月議会で「習志野市公共施設等再生整備基金条例」が成立しました。この基金の特徴は、毎年1億円を積み立てることと、今後の公共施設の統廃合などで売却が可能となった場合の不動産売払収入額の一部を積み立てることです。発生主義に係る減価償却費の考え方が実現した事例となっています。

■平成25年6月定例会（6月14日）

質問内容要旨	財政部長答弁内容要旨
公共料金の中に、施設整備費を算入することについて	現在の使用料・手数料の算定（平成16年の算定基準）には、減価償却費、施設建設費に係る内容については対象経費に入っていません。 　新公会計制度の導入の中で、減価償却費についても、行政コストとしての負担という形の中での財政運営が求められるようになりました。 　近隣では、市川市、八千代市、我孫子市、浦安市が減価償却費も使用料の中に積算の対象経費として含んでいます。これらの経過を踏まえた形の中で、来年度、積算の基準の見直しを検討しているところですが、減価償却費につきましても、対象経費という形の中での検討をしていきたいと考えております。

（筆者コメント）

　平成25年11月に「使用料、手数料の積算基準」が改訂されました。ここでは減価償却費を物に係るコストと考えて減価償却費に積算基準が次のように明確に示されました。

　減価償却費…使用や年数の経過により減少していく固定資産の価値を金額で示したもので、施設の建設（取得）等に要した金額を、耐用年数で年度ごとに配分した費用で、建物や備品等の減価償却費の当該年度を算出。

■平成25年12月定例会（12月3日）

質問内容要旨	市長答弁内容要旨
新しい公会計制度のメリットについて	総コスト情報により、市の財務状況と経営成績を適切に把握することができることになります。市の経営改革を進めるための重要な資料が提供されるとともに、財政危機への早期対応を可能にするという大きなメリットがあります。また、地方公共団体は、住民や議会に対して説明責任を有しますが、新しい公会計制度により財務書類を作成し、分かりやすく公表することによりまして、財政の透明性、信頼性を高め、その責任をより適切に果たすことができるというメリットがあります。 　今年の4月には、公会計改革の業務を財政部から会計課に移管し、会計と公会計改革を組織として継続的に行うように体制を整備しました。

（筆者コメント）

　この市長答弁の中で、市長から「公会計につきましてはですね、習志野市は大変進んでいる方だというふうに自覚しておりまして、ぜひ議員の皆さん、あるいは市民の皆様にもですね、ホームページ等でご覧いただくとともに、私たちもですね、この辺のことをしっかりPRする部分、先ほど議員おっしゃっていましたけども、どう見せる、どのように見せるかということにつきましてですね。より一層対策に取り組んでいきます。」という答弁がありました。このような答弁はその場で、市長自らの言葉での発言でした。公会計担当者としては、市長から評価されることはとてもありがたいことだと思いました。

■平成26年12月定例会（12月3日）

質問内容要旨	市長答弁内容要旨
公会計を行政実務や経営判断にどう活かすかという第3ステージに入っているといえる。この使う公会計の視点から、本市ではどのよ	すでに第3ステージの活用の段階に入っているという本市の先進的な取組みが、大変注目されているところでございます。 　本市の職員が構成員となっております、総務省の今後の新地方公会計の推進に関する実務研

うな取組みを行い、今後はどのような展開を考えているのか。	究会では、第3ステージに入るための財務書類等の活用の手引きを作成しており、来年1月には総務省から手引きが公表される予定であります。 　財務書類等の活用例といたしましては、職員の意識改革、事業別や施設別などの部門ごとのセグメント分析、資産の適切な管理、情報開示などが議論されており、本市が資産の適切な管理のために行っている「未収債権の徴収体制の強化の事例」が紹介される予定であると聞いております。 　本市といたしましては、行財政改革のさらなる推進のため、公共施設等総合管理計画への公会計情報の提供や、行政評価への利用、さらには予算編成に反映させる仕組みづくりなど、「使う公会計」を推進してまいりたいと考えております。

（筆者コメント）
　このような答弁を通して、習志野市の公会計への取組みを報告することができました。筆者自身も答弁内容の期待に沿うような仕組みづくりをしっかりやらなければという思いがありました。

質問内容要旨	会計管理者答弁内容要旨
財務書類等を活用した事業別や施設別のセグメント分析について	本市の財務書類等は、固定資産台帳を整備し、複式簿記によりデータの更新を行っております。このことにより、実際に現金の支払のない公共施設の資産価値の減少分、いわゆる減価償却費の算定や、将来発生する負債も算定し、総コスト情報を明らかにしております。 　この財務データを活用したセグメント分析の例としましては、公共施設別の老朽化比率を算定し、将来の施設更新費用を算出したことと、公共施設別サービスコストを算定し、公共施設再生計画データ編の施設カルテの基礎資料としたことが挙げられます。

質問内容要旨	会計管理者答弁内容要旨
	さらに、今後はインフラ資産も含めた公共施設等総合管理計画の基礎資料としても活用することを、検討してまいりたいと考えております。 　この他の活用例といたしましては、行政サービスの値札事業として、本市が実施している事業について、1単位当たりのサービスコストを算定し、全国61市と比較分析したこと、また千葉大学との協働事業であるバランスシート探検隊事業として、橋梁の老朽化の現状と、その対策としての橋梁長寿命化修繕計画について、固定資産台帳と橋梁台帳に着目し検証したことなどが挙げられます。

（筆者コメント）

　セグメント分析については数年前から同じような答弁となってしまいました。この部分は中長期的に取り組まなければいけない問題であると感じています。

質問内容要旨	会計管理者答弁内容要旨
財務書類の活用について、情報開示についてどのように実行しているのか。	習志野市の今後の公共施設の再生などを、市民の方と一緒に考えていくためには、固定資産の状況など分かりやすい情報の提供が必要であります。このような考えのもと、本市では積極的に情報を開示する姿勢をとっております。 　情報開示の方法として、第1に、公認会計士による決算報告会を毎年開催しております。これは、新公会計制度により作成された財務書類について、公認会計士から市民の方に、その内容を説明する企画であります。 　第2に、公会計白書を作成し、ホームページで公表しております。公会計白書には、貸借対照表や行政コスト計算書に関する明細書や、詳細な固定資産台帳の一覧、地方債の明細などが記載されており、この情報量は全国で一番であると自負しております。 　このほか、市内在住のファイナンシャルプランナーが、資産や負債を盛り込んだ市の家計簿

	を作成し、その内容を評価した習志野市の家計簿チェック座談会の内容を市民の方に公表するとともに、その内容を財務報告書へ掲載したり、市の貸借対照表、いわゆるバランスシートを高校生でも分かる視点で読み解く、全国初の取組みであるバランスシート探検隊事業で作成したレクチャーノートを、市民カレッジの講義で活用するなど、様々な角度から情報の開示を行っております。

（筆者コメント）

　開示する内容と開示に対する姿勢については全国でトップクラスだと思います。公会計情報の開示については、消極的な自治体も多いのですが、筆者としては、より多くの情報を提供したことにより、誤りの指摘などもあります。誤りの指摘は情報の質が上がることであるのでありがたいことだと感じています。

質問内容要旨	会計管理者答弁内容要旨
公会計における安全比率等の指標と、現行の経常収支比率等の指標をどう利用していくのか。	新公会計制度からの指標である純資産比率、安全比率、受益者負担率、効率化比率などについて、議員の資料要求により、平成25年度決算特別委員会へ提出させていただきました。 　現在、総務省においても、財政運営上の目標設定が必要との理由から、公会計から得られる指標は重要性があると認識されております。一方、総務省は、地方財政の健全化及び地方債制度の見直しに関する研究会を開催し、平成26年11月25日に第1回会議が開催されました。従来の経常収支比率などの財政分析の方法では、財政状況の悪化が表面化しない団体もあることが分かってきていることを受けて、この研究会では、地方公共団体の財政状況について、決算数値を用いて評価する方法を幅広く見直すことを検討しております。 　本市といたしましても、この研究会において、財政健全化法での指標や公会計の指標などを含めた、全国比較ができる統一的な指標が示されることが望ましいと考えております。つき

| | ましては、今後の総務省の動向を注視していきたいと考えております。 |

（筆者コメント）

　分析指標の質問を受けることは、それだけ財務書類を読み込んでいることにもなりますので、多くの議員からこのような質問があればよいと感じました。将来的には、決算特別委員会で公会計に関する財務書類の審議をしていただく時期も近づいてきたのかと思いました。

質問内容要旨	会計管理者答弁内容要旨
新公会計制度に基づく財務書類を予算編成に反映する仕組みづくりについて	現在、財務書類を予算編成過程における具体的な政策決定の資料とすることができていない主な理由といたしましては、出納整理期間があることにより、決算数字の確定が6月中になっていることと、決算終了後に期末一括方式で、すべての伝票データの複式を行うために期間を要していることが挙げられます。 　さらに、日々仕訳を実施している先進の大阪府や町田市などにあっても、予算の事業単位ごとに人件費や地方債を算定しにくいこと、施設ごとの事業費が整理されていないことなどが、予算編成の活用に障壁になっていると聞いております。 　本市といたしましては、実施可能な部分より対応してまいりたいと考えております。 　ひとつは、既存の財務会計システムを最大限に活用できる方法を検討しております。現行は、予算体系に基づき、複数の施設経費をひとつの伝票で起票しておりますが、内訳として施設別のコードと金額を入力するなどの工夫をすることにより、タイムリーな公会計情報の取得を目指していきたいと考えております。 　そして、施設マネジメント部門とのデータ共有なども図ることで、予算資料として活用が可能になると考えております。 　今後も、公会計情報が予算に活用できるよう、財政当局と連携を図りながら、引き続き公

| | 会計改革の推進に努めてまいりたいと考えています。 |

（筆者コメント）

　公会計の活用は予算編成に役立つことです。このことは、過去の一般質問や筆者が総務省での会議に参加した経験からも明らかです。それを可能にするのは、「施設マイナンバー」の活用だと思います。答弁の中でも説明をしていますが、重要なことは施設ごとに金額を入力することです。このことは、多くの自治体が10年後ぐらいには、その重要性に気づくのかもしれません。

質問内容要旨	会計管理者答弁内容要旨
決算委員会に財務書類の提出が可能であるか。	財務書類については、監査委員による審査や議会への報告が義務付けられているものではございませんが、議会の監視機能の向上に資するものであると考えられます。 　現行においては、当該年度の財務書類については、翌年度の3月末に、年次財務報告書いわゆるアニュアルレポートとして作成している状況です。これは、さらに詳細な公会計情報を網羅した公会計白書という形で整理しております。その他、予算編成に活用できない理由と同様に、出納整理間や期末一括仕訳などの要因（決算委員会までに時間的余裕がないということ）がありますが、来年度以降につきましては、決算委員会の時期までに、議員の皆様に参考資料として、公会計情報の提供をしていきたいと考えております。具体的には、連結対象団体すべてではありませんが、一般会計や特別会計について、会計ごとの貸借対照表、行政コスト計算書、さらに一般会計については、貸借対照表のうち有形固定資産の行政目的別、いわゆる「款」ごとの状況、及び行政コストについても「款」別の明細を参考資料として提出をしたいと考えております。 　将来的には、事業別や施設別を含めた詳細な財務書類の情報を決算委員会に提出できるよう、体制整備を含めて検討していきたいと考え

	ております。

（筆者コメント）

　筆者の個人な意向としては、決算委員会に正式な形で提出するような答弁を考えていたのですが、市の内部で議論した結果、議会との調整もあり、難しいとの意見がありました。そんな中で、「参考資料」として「議員個人」に渡すとのことで、庁内の合意が得られたことにより、このような答弁になりました。

■平成27年３月定例会（３月４日）

質問内容要旨	会計管理者答弁内容要旨
統一的な基準の概略と、それにより変わることは何か。	平成27年１月23日付、総務大臣通知によりまして、統一的な基準によります地方公会計の整備促進について、全国の地方公共団体に要請がございました。この統一的な基準は、これまで複数ありました財務書類作成基準の中で、本市も採用しております基準モデルというものを基本といたしまして、総務省が見直しを行ったものでございます。今後は、全国すべての地方公共団体に統一的な基準が適用されます。総務省がこの統一的な基準を作成した目的は、第１に発生主義・複式簿記の導入、第２に固定資産台帳の整備、第３に地方公共団体間の比較可能性の確保を促進するためでございます。 　総務省は、統一的な基準の導入に係る支援といたしまして、第１に、本市の職員が構成員となっていた実務研究会で作成されました統一的な基準によります地方公会計マニュアルの公表。第２に、統一的な基準によります標準的なソフトウエアの無償提供。第３に、固定資産台帳の整備に要する経費についての特別交付税措置。第４に、総務省所管の研修所を利用した研修の実施。以上４点を行うこととしております。この統一的な基準によります地方公会計の整備が促進されることで、全国の地方公共団体の財務分析が可能となります。加えて、財務書類を予算編成や行政評価等において積極的に活

	用していくことで、限られた財源を賢く使うことにつながってまいります。本市といたしましても、総務省の支援策を活用し、今後も積極的に取り組んでまいります。

（筆者コメント）

　統一的な基準について、多くの議員に知っていただきたいことが議会で答弁できることはありがたいことです。

質問内容要旨	会計管理者答弁内容要旨
本市における発生主義・複式簿記の導入に対する具体的な取組みについて	現在本市では、出納整理期間終了後に会計課において伝票単位ごとに複式簿記の処理を行う期末一括仕訳という方法を採用しております。総務省の統一的な基準でも、この期末一括仕訳は事務負担軽減などの理由から、引き続き容認されております。しかしながら、取引のつど各部局において伝票単位で仕訳を行う日々仕訳が望ましいとされております。その理由といたしましては、リアルタイムに財政状況を把握できることや、職員の経営感覚の向上が望まれるといったことが考えられます。 　議員からは、平成18年9月定例会において、東京都が行っている日々仕訳の導入について質問をいただきました。当時、市長は財力と専門のノウハウを持つ人材を抱える東京都ならではの取組みであるため、本市では導入が難しい旨の答弁をいたしました。しかしその後、本市では庁内の簿記の勉強会や研修会などを通じて人材育成に努めてまいりました。今月も庁内職員を対象に、国のバランスシートの作成担当者であった元財務省の公認会計士を講師として、複式簿記に向けての研修会を実施いたします。また、来年度は庁内職員向けに、会計課職員が講師となり、自主勉強会としての簿記研修会も実施する予定であります。さらに、平成25年4月の機構改革では、日々仕訳の対応に備え、会計課に公会計を所管する係を設置するなど体制整

	備にも取り組んでまいりました。 　これらの取組みから、本市におきましても日々仕訳導入の環境が整ってきていると考えております。今後も総務省と協議を重ね、日々仕訳導入に向けての取組みを推進してまいりたいと思います。

（筆者コメント）
　ここでも、日々仕訳の導入意義などの説明ができてよかったと感じています。

質問内容要旨	会計管理者答弁内容要旨
固定資産台帳の整備に対する取組みについて	本市は、固定資産台帳の整備は完了しているところでございます。しかしながら、統一的な基準を適用するにあたり、固定資産の評価方法など変更しなければならない部分もございます。このことから、資産のうちでも重要な土地に関しての固定資産台帳と公有財産台帳の突合作業について、現行手作業で行っていたものを、平成27年度には固定資産台帳と公有財産台帳のシステムの連携を図ることによってシステム化する予定でございます。その結果、作業時間の短縮と固定資産台帳の精度がより高くなると考えております。

（筆者コメント）
　固定資産の中でも特に重要な「土地」に関しては、平成20年度より固定資産台帳を作成してから重視してきた資産です。試行錯誤の結果、今回の答弁で説明したように固定資産台帳と公有財産台帳のシステム連携が可能となったことを答弁できてよかったです。

質問内容要旨	会計管理者答弁内容要旨
地方公共団体の比較可能性の確保に関する具体的な取組みについて	地方公共団体の比較可能性の確保につきましては、総務省から財務書類分析の6つの視点と13の指標が示されたところでございます。今後は、全国の地方公共団体がこの指標を作成し公表することが考えられます。本市といたしまし

ては、統一的な基準に移行する前でございますが、平成25年度決算について、統一的な基準で示された指標を作成し公表してまいりたいと考えております。以上でございます。

（筆者コメント）

　統一的な基準の正式な指標は作成できないのですが、できる範囲で指標は公表するという答弁をしました。このことにより、あらかじめ指標の作成方法やその意味なども考えることができるとともに、業務を行ううえでの目標ができることになります。

■平成28年3月定例会（3月3日）

質問内容要旨	市長答弁内容要旨
大久保地区公共施設再生事業の推進にあたって、公会計制度との連携について	大久保地区公共施設再生事業の推進にあたっては、現時点では公会計制度改革の取組みとの連携はありません。しかしながら、平成32年度に新しい施設が稼働した後は、財務書類の活用による連携が可能であると考えているところです。 　具体的には、公会計情報の貸借対照表には、イニシャルコストである施設整備費が資産として計上され、負債には借入金の残高が計上される予定であります。さらに、行政コスト計算書からは、施設ごとの減価償却費や借入金の利息を含むランニングコストが算出される予定です。これら財務データを活用することで、適切な公共施設マネジメントの実現が可能となります。

（筆者コメント）

　大久保地区公共施設再生事業の推進にあたり、公会計情報がどのように役に立つのかという質問ですが、公会計の情報は基本的には決算の情報であり、その決算の情報を積み上げることにより、役に立つというのが筆者の思うところであり、そのために、精緻な発生主義の事業別や施設別のコスト情報を集計するのが重要です。しかしながら、今ある事業に対しても、どのような情報提供が有用であるかを検討しているところです。

■平成28年9月定例会（9月12日）

質問内容要旨	市長答弁内容要旨
財務諸表の予算への活用について	新公会計制度は、現行の地方財政制度の基本である現金主義会計を補完して、土地や建物に係るコストの正しい把握や、現金支出以外の人件費や物件費、減価償却費なども含めたフルコストを正確に算出する役目を担うものであります。 　本市では、固定資産台帳を活用いたしまして、施設ごとの老朽化度合いの検証、更新や改修等の優先順位を判断したうえで、公共施設再生計画に事業予定年次を位置付けており、計画年次における事業化に向けた予算編成作業を行ってまいりました。 　また、受益者負担の適正化につきましても、この新公会計制度の考え方を踏まえ、平成25年度に使用料、手数料の積算基準を改正し、原価計算の対象経費に減価償却費を算入したうえで3年ごとの見直しを実施し、予算に反映しております。 　平成29年度からは、財務会計システムに日々仕訳システムと施設コード入力を追加することによりまして、今まで以上に正確かつ簡便に一つひとつの施設や事業についてのコスト情報の把握が可能となってまいります。 　この段階に至りましたら、施設ごと、事業ごとに行政目的を達成するために要するコストが適正なのか、あるいは保有している事業用資産がサービスの量や便益に比べて適正規模なのかといった視点での分析も可能となってまいります。今後、人口減少によりまして歳入が減る一方、高齢化の進展やインフラ、公共施設の大量更新時期が迫ることにより、歳出の伸びは避けられないことが予想される中で、限られた財源を賢く使う予算編成に、財務諸表を積極的に活用できるよう、研究を重ねてまいります。

（筆者コメント）

　予算への活用については、議員の方の知りたいところであると思いますが、現状では、このような答弁しかできないのが現状です。

質問内容要旨	会計管理者答弁内容要旨
平成29年度より日々仕訳と施設コードの入力を追加することによって、個別の施設、事業ごとの財務諸表ができるのか。	新公会計制度による事業別あるいは施設別のセグメント分析の資料は、平成29年度決算分から統一的な基準に基づいて作成することが可能となっております。今後は、どのような事業あるいは施設を対象とするのか、それが予算編成にどう活用できるのか、またその作成に係る費用対効果はどうなのかということを関係各部署で協議してまいりたいと思います。

（筆者コメント）

　この部分について、当市の目玉となるだけに、どのような形でのデータを活用するのかを検討していきたいと考えています。

◆ 実践！　一般質問

　ここまで習志野市の議会での一般質問を紹介してきました。ここからは、議会での想定問答を例にとり、効果的に一般質問を実施するための論点を検証したいと思います。

　質問「総務省より要請されている統一基準による財務書類の作成には固定資産台帳の整備が不可欠であるがその進捗状況を伺う。」

　このような質問をされた議員もいるのではないかと思います。統一的な基準の導入にあたっては固定資産台帳の整備が不可欠であることから、このような質問を例に検証してみます。

　答弁「固定資産台帳の整備状況についてお答えします。総務省からは平成27年度から平成29年度までの3年間で統一的な基準による財務書類の作成が求め

　られております。議員ご指摘のように統一的な基準の財務書類を作成する
　にあたり固定資産台帳の整備は不可欠であります。この固定資産台帳の整
　備には特別交付税措置の財政支援が予定されており、この内容についても
　確認をしているところです。さらに人材育成の観点からも総務省が自治体
　職員向けの研修を実施する予定ですので、積極的に職員を派遣するととも
　に今後の職員配置を含めての体制整備についても検討中であります。また、
　新基準による財務書類の作成にはシステムの整備が不可欠であります。こ
　のシステムについては総務省が標準的なソフトウエアを平成27年度のでき
　る限り早い時期に無償で提供するとのこととなっており、このことについ
　ての情報について注視していくとともに、近隣自治体の動向や県の指導を
　受けながら対応をしていと考えております。」

　上記のような答弁が一般的なものになることが想定されます。要するに「検
討はしているが主体的にやっていない」との答弁になっています。そこで、議
員がさらに踏み込んだ再質問を行うことにより、公会計改革の推進につながる
ポイントを紹介します。

再質問のポイント

　①固定資産台帳の整備は総務省からの要請でするのか⇒自治体経営のために
　　は自治体自らが固定資産台帳を作成するという心構えが必要ではないの
　　か？
　②体制整備は総務省から例が示されているのであるから、どのような体制で
　　行うのかを今から準備しておくべきでないのか？
　③人材育成には、まず人材の発掘を行うことが必要ではないのか？
　　育った人材は自治体の財産になる視点を持つべきではないのか？

　以上の①～③の視点を入れた再質問が効果的ではないかと思います。ここで
もうひとつの想定質問を検証してみます。

　質問「市民に財務状況についてより一層の理解を得るために、習志野市が実施し

ている『バランスシート探検隊事業』を実施するお考えがおありになるか
を伺う。」

答弁「現在は統一的な基準による財務書類の作成に力を注いでいるところでござ
　　います。議員ご紹介のバランスシート探検隊事業は総務省の「地方公会計
　　の活用のあり方に関する研究会報告書」にも活用事例として紹介されてい
　　ることは承知しています。しかしながら、このような企画を実施できる人
　　材や予算措置など解決する課題もあるのではないかと認識しているところ
　　でございます。そのような状況を踏まえまして、実施の可能性を検討して
　　まいりたいと思います。」

　このような答弁がされると思います。ここで、効果的な再質問をしていただ
くには、議員自身がバランスシート探検隊事業の視察や報告書などをみていた
だくことが効果的だと考えます。そのことにより、質問に対しても重みがでて
くるのではないかと思います。答弁内容から、「事業をやりたくない」との理
由をたくさん挙げてくるのではないでしょうか？　その理由の一つひとつに解
決するような提案をしながらの再質問に心がけることにより、もしかしたら実
現されるのではないかと思います。場合によっては何年もかけて取り組まない
と実施に結び付かないのではないかと思います。

実現ができない主な理由

①人がいない。

　⇒職員の人材発掘や公募職員による人材育成も効果的。

②予算がない。

　⇒工夫できるところがある。広報課のテレビ広報との連携、観光部門との
　　連携などによりシティセールスと抱き合わせにする。

③大学との協定の実績がない。

　⇒アプローチする気はあるのか？　大学側も地域貢献から前向きに検討を
　　してくれるはずであるし、JAGA などの公会計の学会等もサポートをして
　　くれることが想定される。

　バランスシート探検隊事業の実現ができている自治体に共通しているのは「やってみたい」という職員がいることです。そのような人材を発掘するには職員の中から公募をするのもひとつの効果的な方法です。筆者も公募職員によって公会計の業務をすることができました。このような職員のサポートを議員側から一般質問などで応援してもらえればと思います。

　ここで、一般質問ではないのですが、筆者が習志野市を退職する直前の一般会計予算特別会計で議員からの質疑を紹介したいと思います。

■平成30年3月一般会計予算特別会計（3月13日）

質問内容要旨	会計管理者答弁内容要旨
習志野市の公会計の取組みを今後は次の世代の人にお任せをすると思うが、感じる点は？	今後の公会計の推進にあたっては、人材育成が重要であると認識しています。会計課長は5年間かけて公会計の勉強をしていますので公会計は大丈夫です。

（筆者コメント）

　議員から、発言の機会をもらい人材育成が重要であるとの答弁をしました。答弁に対して議員からは「宮澤会計管理者が10年間つくりあげた公会計がなくなると意味がなくなってしまうので、ぜひ議員の皆様、公会計について今後も質問等をしていきましょう。」とのありがたい言葉をいただきました。

　役所の人事異動は長くても5年（管理職などは数年）の場合が多いのですが、当時の会計課長は現在（令和2年度現在）も会計管理者として公会計の推進に尽力しています。これも、議員からの質疑の内容が大きく影響したと感じています。

◆ 先進自治体に学ぶ一般質問のヒント

　公会計について、どのようなことを一般質問していいのか分からない議員も多いと思います。この本をここまで読んでもらえれば、公会計の知識は十分です。あとは、公会計の知識をどうやって自分の自治体の業務に結び付けていくかです。その中で、先進自治体の事例は参考になると思います。筆者も習志野市在職中には多くの議員の視察を受けました。のちに一般質問などを行った議員もいます。本来であれば、自治体職員も先進市視察などにも力を入れたいの

ですが、予算や業務の関係で行えないのが現状です。

　また、公会計の財務書類を作成するのが手いっぱいで、活用まで行っていないのも事実です。そんな状況を打破できる一つとして、議会での一般質問は非常に効果的です。

　今回紹介する活用事例は統一的な基準による地方公会計マニュアル（令和元年8月改訂）財務書類等活用の手引き中の活用事例集（P360〜389）の中から一般質問などで参考となりそうな事例を選び、その概要と著者のチェックポイントを加えてみました。

①発生主義によるコストの比較（愛媛県砥部町）

・概要

　庁舎の大規模改修にあたり、蛍光灯と蛍光灯型 LED ライトを比較検討し、初期費用は蛍光灯型 LED ライトが高いが、中長期的には安くなる蛍光灯型 LED ライトを導入した。中長期的な費用対効果を考えたことにより、後年度にわたり、負担のない設備の投資が可能となった。

・チェックポイント

　自治体は単年度予算のため、初期費用での判断をすることが多いです。今回の事例のように発生主義（減価償却）の考え方により中長期的にみて費用の削減が図れる場合が考えられます。

　施設（庁舎も含む）や車両等の購入にあたっては、取得ありきでなく、発生主義の考え方によりリースなども含め、中長期的な費用対効果の検討を行っていく予定があるのか確認してみましょう。

②固定資産台帳の精緻化（京都府精華町）

・概要

　統一的な基準では、開始時において附属設備を建物と一体評価をすることが許容されていたが、同町では今後の更新費用（隠れた債務）を財政計画に見積もるため、開始時から可能な限り建物と附属設備を分けて精緻に台帳化を図っ

た。

・チェックポイント

　多くの自治体が、統一的な基準の開始時には建物の評価に附属設備である冷房設備や空調設備などを一体として評価したと思います。建物と附属設備は耐用年数も違うことから更新費用の算定において正確な算定ができません。このことから、計画的に台帳の精緻化の検討を行っていく予定があるのか確認してみましょう。

③予算仕訳・固定資産台帳の正本化（埼玉県和光市）

・概要

　予算科目と複式簿記の仕訳科目を一致させることにより、決算時や執行時に仕訳の再精査を行う必要がない仕組みである「予算仕訳」を導入した。

　既存の公有財産で必要な情報を盛り込んだ固定資産台帳の管理項目を設定することにより、既存の公有財産システムや備品管理システムを使用停止し、公会計の固定資産台帳が財産管理の正本として取り扱われる体制とした。

・チェックポイント

　現行の官庁会計（単式簿記）の予算科目を利用して、公会計（複式簿記）の仕訳を行うことにより2度手間のような状況になっています。予算科目そのものを仕訳することにより決算時等の作業負荷を減ることが考えられます。

　また、公有財産台帳と固定資産台帳も別々のシステムで運用されているのが現状です。このように「予算仕訳」と「固定資産台帳の正本化」は業務が効率化されるヒントになっています。このような業務改革の検討を行っていく予定があるのか確認してみましょう。

④台帳の適切な更新のための体制整備（大阪府吹田市）

・概要

　固定資産台帳（公会計）と公共施設最適化の推進体制を構築した。このことにより、公有財産台帳と一体化した固定資産台帳をもって、公有財産事務を日

常的に実施することにより、公有財産事務の一層の適正化と事務軽減に寄与し、内部統制の強化につながった。

・チェックポイント

　固定資産台帳の整備をどのような体制で行っているかを確認してもらいたいと思います。多くの自治体では、法律上の義務がないことから「おまけ」の業務の扱いであったり、業者に作成業務を丸投げして、担当者は固定資産台帳の中身がよく分からないということもあります。

　固定資産台帳の作成を自治体の組織として行うという意思をもつことで、固定資産台帳の精緻化につながり、公共施設の最適化が進むと考えられます。

　また、このような体制整備の検討を行っていく予定があるのか確認してみましょう。

⑤事業別財務諸表を活用した施設（障害者スポーツセンター）分析（東京都）

・概要

　障害スポーツセンターの施設の貸借対照表から資産分析を建物老朽化率が高いことや行政コスト計算書から利用者1人当たりのコストを算定した。

　このような情報をもとに、コスト面への影響も注視しながら、改修工事を着実に進めることで、施設の老朽化に対応することが可能となった。

・チェックポイント

　どこの自治体も財務書類の作成がなされたと思いますが、具体的な施策に結び付けるには事業別の財務書類（※東京都は「財務諸表」、総務省では「財務書類」と呼称しています）を作成することが効果的です。

　自治体の中で老朽化した施設の更新を考えるにあたり、重要な事業についての費用対効果なども事業別や施設別の財務書類やセグメント情報を作成をすることにより分かってきます。このような検討を行っていく予定があるのか確認してみましょう。

⑥より分かりやすい財政状況の公表（東京都港区）

・概要

　より分かりやすい財政状況の公表のため財政レポートを作成。

①視覚的に分かりやすくなるよう財務書類に写真や絵などを活用

②区民に身近な事業の行政コストをより分かりやすい形で分析・公表

③区有施設においても、利用実績を踏まえた利用者1人当たりのコストを財務書類を用いて分析公表

　このようなことを行った効果として、区民、議会への説明責任の向上や職員のコスト意識の向上などがあった。

・チェックポイント

　公会計で得られた財務情報を分かりやすく住民や議会に報告することで議論できる場合があります。多くの自治体が財務書類を作成し、ホームページなどで公表するだけの場合も多いです。施設のコストや非財務情報である利用者数など分かりやすくまとめたレポートを作成する取り組みの検討を行っていく予定があるのか確認してみましょう。

⑦団体間比較（図書館事業）（新公会計制度普及促進連絡会議）

・概要

　新公会計制度普及促進連絡会議（※）の構成自治体である、町田市・吹田市・江戸川区の図書館について、財務書類の内容や開館日数などの非財務情報を活用し、「貸出者1人当たりのコスト」「1施設当たり貸出者数」「貸出1点当たりコスト」「1施設当たり貸出点数」を比較検討。相違点等を把握の上、今後の予算措置の参考とすることができた。

・チェックポイント

　財務書類の分析を行うには他団体との比較が必要です。近隣自治体や類似団体等と協力して分析することにより、事業の見直しのヒントが得ることができます。このような取組の検討を行っていく予定があるのか確認してみましょう。

（※）平成23年東京都、大阪府など新公会計制度の先行自治体で発足。令和
　　２年11月時点で17構成団体（オブザーバーとして習志野市が参加）。

⑧セグメント分析（施設の統廃合）（熊本県宇城市）

・概要

　宇城市は５町合併による新市である。人口や面積が類似している宮崎県日向
市（合併していない）と比較して、将来バランスシートと具体的な改善策を検
討することとし、統廃合検討するにあたり、施設ごとのバランスシートと行政
コスト計算書を活用し、公民館や図書館の統廃合を実施した。

・チェックポイント

　合併市町村の場合は、図書館や公民館などが合併していない市町村と比べて
多く建設されていることがほとんどです。対象となる施設ごとのセグメント分
析で費用対効果を検証し、効率的な施設配置が必要となります。合併自治体で
あるならば、このような分析を行う必要があります。このような取組の検討を
行っていく予定があるのか確認してみましょう。

⑨未収債権の徴収体制の強化（千葉県習志野市）

・概要

　財務書類から徴収不能引当金が確認できるようになった。習志野市債権管理
庁内検討会を設置し、債権管理のあり方を全庁的な問題として、検討した。そ
の後、債権管理条例、債権管理課の設置、全庁的な情報共有のための債権者管
理連絡会議を設置した。このことにより、通常債権の徴収率や徴収困難債権と
して徴収が難しかった債権の徴収率も高くなった。

・チェックポイント

　いままでも、収入未済ということで未収金を把握することは可能でしたが、
結局、最後は不納欠損として債権の放棄という形で処理されてしまう場合も
あったと思います。不納欠損になるまでの期間に全庁的な債権徴収の事務処理
のノウハウを共有することにより債権の回収率は高くなります。特に、徴収不

能引当金の多い自治体であるならば、このような組織的な対応が必要です。このような取組の検討を行っていく予定があるのか確認してみましょう。

⑩課別・事業別行政評価シートによる事業マネジメント（東京都町田市）

・概要

課別・事業別行政評価シートには、

①事業の成果・・目標と実績及び成果の説明

②財務情報・・行政コスト計算書、貸借対照表等

③年度末の「成果及び財務の分析」を踏まえた課題・・非財務情報と財務情報を交えて分析。

以上のような評価シートにより予算に反映させることができた。

・チェックポイント

いままでも、行政評価や事務事業評価などに取り組んできた自治体も多いと思います。町田市においては、公会計の財務情報を活用して分かりやすい課別・事業別行政評価シートを作成しました。現状においては最先端の取組だと思います。このようなシートが議員に配られれば、予算や決算の審議がより中身の濃いものになると思います。このような取組を行っていく予定があるかを確認してみましょう。

⑪PDCAサイクルの再構築と議会への活用（東京都福生市）

・概要

予算事業と実施計画を合わせた予算説明書と決算説明書を議会での審査資料として活用した。

■予算審査による主な効果

①予算資料の充実（資料の選択と集中）

②事業全体に関する質問が中心に

③審査時間の短縮

■決算審査における主な効果

①情報量の充実による質問の変化

②単年度から中長期的な視点に

③「見える化」による職員の意識改革

・チェックポイント

　新公会計制度を活用して新たなマネジメント（PDCA）サイクルを構築し、予算審査や決算審査において効果がでている事例です。

　予算説明書に記載した実施計画の決算に加えて、事業別行政コスト計算書や事務総括などを組織別に網羅した「決算説明書」などは参考となる事例です。

　このような取組を行っていく予定があるかを確認してみましょう。

ざっくりポイント

一般質問で自治体が変わります。バランスシート探検隊事業が全国の自治体で実施されるのを期待しています。

おわりに

　本書は、主な読者を議員対象として、平成29年7月に出版された内容に改訂を加えたものです。最新の内容を盛り込んだものであり、この本を読んで、理解していただければ「公会計」についての知識は大丈夫だと思います。議員だけでなく、職員や住民の方にも読んでいただきたいと思って執筆しました。

　平成29年の初版刊行後、本書の内容を中心に、セミナーや研修を行ってきました。受講した議員の方からは「分かりやすい」と好評でした。

　特に、平成30年1月18日には習志野市議会議員団研修会で研修会講師を務めさせていただきました。

　習志野市在職中（平成30年3月31日退職）は、他自治体の議会の議員視察や議員研修会などで講師をすることも多かったのですが、地元の議員向けの研修会はありませんでした。そんな中、習志野市議会議員団からぜひ宮澤会計管理者がいる間に研修を受けたいとの要望で実現しました。会派を問わず、ほぼ全員の議員が参加し、しかも熱心に聞いていただきました

習志野市議会議員団研修会の様子

　次に、平成30年8月18日に名古屋で開催された議員力研究会セミナーを紹介したいと思います。

　このセミナーでは2年連続で講師を務めさせていただきました。ここでは講義を聞くだけでなく、セミナー内容を議員自らが企画し、事前勉強を経てのグループごとの討議もあり、とても充実した内容であり、筆者自身も大変参考になりました。現在は、新型コロナウイルスの影響で対面でのセミナーや研修は極力控えているところですが、コロナが終息したらこのようなセミナーに参加・協力したいと思っています。

写真中央が筆者

写真右側が筆者

　さらに、令和3年になり「女性を議会に！ネットワーク」と「近畿市民派議員学習交流会」からweb会議による研修の依頼がありました。コロナ禍のピンチをチャンスにする機会と感じています。

　最後に、本書を読んでいただいた議員の皆様が、活動の中で自治体のマネジメントに公会計を活かせるようになることを願っています。

　また、本書を手に取って下さったすべての方に感謝したいと思います。

令和3年2月　　　　　　　　　　　　　　　　　　　　宮澤　正泰

事 項 索 引

著者紹介

宮澤　正泰（みやざわ　まさやす）

　株式会社システムディ公会計ソリューション事業部顧問、宮澤公会計研究所代表、政府会計学会（JAGA）会員、地方公会計取組支援人材ネット登録者（総務省）、元千葉県習志野市会計管理者、地方監査会計技術者（CIPFA Japan）、1級ファイナンシャル・プランニング技能士、宅地建物取引士。

　いままでに総務省「地方公共団体における固定資産台帳の整備等に関する作業部会」委員、「今後の新地方公会計の推進に関する実務研究会」サブメンバー、「地方公会計の活用の促進等に関する研究会」委員、財務省「公共部門のマネジメントに関する研究会」委員、「東京都江東区外部評価委員会」委員、日本公認会計士協会「地方公会計・監査検討専門部会」オブザーバーなどを務める。

　主な著書に「公会計が自治体を変える！Part1〜3」（第一法規）、「自治体議員が知っておくべき新地方公会計の基礎知識」（第一法規）、「自治体の会計担当になったら読む本」（学陽書房）、「はじめての自治体会計0からBOOK」（学陽書房）、「公共部門のマネジメント」（共著、同文館出版）などがある。

　一般社団法人英国勅許公共財務会計協会日本支部（CIPFA Japan）から2016年度MITSUNO AWARDを地方公会計教育への貢献により受賞。

サービス・インフォメーション

――――――――――――――― 通話無料 ―――――

①商品に関するご照会・お申込みのご依頼
　　　　　TEL 0120(203)694／FAX 0120(302)640
②ご住所・ご名義等各種変更のご連絡
　　　　　TEL 0120(203)696／FAX 0120(202)974
③請求・お支払いに関するご照会・ご要望
　　　　　TEL 0120(203)695／FAX 0120(202)973

●フリーダイヤル(TEL)の受付時間は、土・日・祝日を除く
　9:00〜17:30です。
●FAXは24時間受け付けておりますので、あわせてご利用ください。

自治体議員が知っておくべき新地方公会計の基礎知識〔改訂版〕
〜財政マネジメントで人口減少時代を生き抜くために〜

2017年7月20日　初版発行
2021年3月30日　改訂版発行

著　者　宮　澤　正　泰
発行者　田　中　英　弥
発行所　第一法規株式会社
　　　　〒107-8560　東京都港区南青山2-11-17
　　　　ホームページ　https://www.daiichihoki.co.jp/

議員公会計・改　ISBN978-4-474-07543-6　C2031　(2)